重启人生

如何走出原生家庭阴影

金尚◎著

民主与建设出版社

·北京·

©民主与建设出版社，2020

图书在版编目（CIP）数据

重启人生：如何走出原生家庭阴影 / 金尚著. --
北京：民主与建设出版社，2020.9
ISBN 978-7-5139-3199-1

Ⅰ. ①重… Ⅱ. ①金… Ⅲ. ①家庭关系－研究 Ⅳ.
①C913.11

中国版本图书馆CIP数据核字 (2020) 第170851号

重启人生：如何走出原生家庭阴影
CHONGQI RENSHENG RUHE ZOUCHU YUANSHENGJIATING YINYING

著　　者	金　尚
责任编辑	李保华
封面设计	久品轩
出版发行	民主与建设出版社有限责任公司
电　　话	（010）59417747　59419778
社　　址	北京市海淀区西三环中路10号望海楼E座7层
邮　　编	100142
印　　刷	三河市金泰源印务有限公司
版　　次	2021年1月第1版
印　　次	2021年1月第1次印刷
开　　本	880毫米×1230毫米　1/32
印　　张	8
字　　数	180千字
书　　号	ISBN 978-7-5139-3199-1
定　　价	45.00元

注：如有印、装质量问题，请与出版社联系。

再版序：
《重启人生》读书会

　　我于 2020 年 4 月出版了海外版的《走出原生家庭的代际创伤》一书。本想在新冠病毒疫情下，这会是一本鲜有人问津的书，没想到第一个月居然卖出去了一万本，这实在是超乎我的想象。

　　看来这本书确实是很受欢迎，很多问题直指灵魂深处，发人深省，超级实用。就着这股热劲儿，我把这本书寄给了很多业内的专家，结果得到了专家们的一致好评和推荐。

　　《走出原生家庭的代际创伤》是身兼原生家庭"小白菜"和知名心理专家的我，思考了 20 年的研究成果，我在其中提出了代际创伤五阶段疗法和虚拟爱之疗法。

　　而这本《重启人生》，又是在《走出原生家庭的代际创伤》的基础上，听取了业内多位专家的建议和意见后，进行了全息式修订，大概增加了 2 万字，删除了 1 万字，力求让我亲身实践并得以康复的这个理论更加严谨和完善。

　　《重启人生》，副标题为《如何走出原生家庭阴影》，顾名思义就是论述如何走出代际创伤，这是国内首部专门写代际创伤的著作。它包括了代际创伤五阶段疗法、虚拟爱之疗法、如何疗愈受伤的内在小孩、如何疗愈身心灵、疗愈内在关系模式的各种实用方法。

与很多著作不同的地方是，这本书更关注的重心，在于实际操作和实际运用，是一本拿到手后就可以直接操作运用的工具书；而且书中语言通俗易懂，可读性强，很有吸引力，是一本并不高深的普罗大众读本。

那么，《重启人生》到底讲了哪几个独创性的且直抵心灵深处的问题呢？

第一，代际创伤五阶段疗法；

第二，虚拟爱之疗法；

第三，内在关系模式的各种疗愈之法。

第一，代际创伤五阶段疗法

这是我在原生家庭代际创伤的自我疗愈中，自己一步一步地总结出来的。自从开始思考这个疗法，并运用到自身，直到真真正正、完完全全地疗愈自己，我大概花了整整五年的时间。

在思考的过程中，我曾经多次仰首问苍天：求求您，给我指一条路。我也曾在思路受阻的时候，翻阅了无数书山书海。或者，飞到某个知名大伽座下参加工作坊。我所有的思考和努力，终于使得这一理论越来越有效，最终得偿所愿。

代际创伤五阶段疗法，一共分为五个阶段：第一阶段，重建安全感虚拟爱之疗法；第二阶段，哀悼失落的童年，臣服当下；第三阶段，消除内疚感，重建清白感；第四阶段，消除羞耻感，重建价值感；第五阶段，寻找人生和生命的意义。

第一阶段重建安全感虚拟爱之疗法，主要是帮助受创伤者重新拥有爱的感觉，获得活下去的勇气。人类因为被爱而诞生，因为爱自己而成长，因为爱他人而生存。没有被爱和爱的人生，人们是无法活下去的。然而，有些受到过原生家庭严重心理创伤的人，很少或者几乎没能得到过父母的爱，他们能够活到现在，完全是靠头脑中的自恋幻觉所编造的一个个充满爱和温情的故事。

好不容易凭着自恋、幻觉、妄想活到了青年或成年，却忽然发现了父母根本不曾爱过自己，这下子支撑其活下去的信仰全部坍塌了。但还是忍不住自问，或是无语问苍天："他／她到底有没有爱过我？"

处于严重创伤状态的边缘性人格、抑郁症、药物成瘾、焦虑症等各种原生家庭创伤后遗症的痛苦的人们，会一遍又一遍地去追寻这个问题。就好比一遍遍地追寻"我有没有资格活？"一样。

如果治疗师直接告诉来访者"你的父母从来没有爱过你"，那么对于处于病患期的受创伤者来说，会直接导致其精神崩溃，没有了活下去的勇气。

相反，如果通过叙事（叙事疗法）、催眠（SAT 催眠、时间线催眠），给来访者重新构建一个充满爱和温情的故事，并且让来访者坚信这就是真的，而且深入其潜意识中，那么来访者就会觉得自己是在爱中诞生，在爱中成长的，自己是被爱的，自己是可爱的。

这样一来，来访者的自体就增强了。在自体增强的基础上，再锦上添花地让来访者知晓，大自然爱着每一个人，宇宙爱着每一个人，社会也爱着每一个人。我们每一个人来到世间，都是充满了被爱和被期待的，我们每一个人都是拥有满满的爱的人。

这样一来，来访者的自体才算是基本上恢复到了常态。在这个基础上，让来访者哀悼过去的伤痛，与原生家庭分手，臣服于当下时刻，接纳既有光明也有黑暗状态的自己。

心理专家武志红说过，哀悼是完结悲剧的终结力量，哀悼意味着完整地体验了生命中该有的情绪。这样一来，来访者就能够和过去好好告别，与原生家庭正常分离，接纳当下的一切了。

臣服当下，接纳自己，意味着接纳自己的白与黑，接纳自己的光明面与晦暗面，接纳自己的这个身体，接纳自己的这个情绪，接纳自己周遭的一切事物，接纳自己这一生，接纳自己这个人。

有原生家庭心理创伤的人，基本上都有一个关于爱与恨的心理冲突，其实也可以说是生本能与死本能的心理冲突，或者说是亲密与分离、爱与自由、愧疚与仇恨等，都是同一个意思。而这个爱与恨指向的客体，不管在现实中是指向什么事物，其根本的隐喻都是指向父母。

所以，第三阶段就是来消除对父母的仇恨与内疚。不再仇恨父母，对父母的内疚就会减掉大半，再进一步通过家庭系统排列看到，父母对子女是没有所谓"恩"的。父母自有他们自己的责任、命运，需要他们自己去负责，子女们却无能为力。人类的子代都有权利比亲代活得更好，所以，我们可以毫无愧疚地去绽放自己的生命，去展示自己的创造力。

比起消除羞耻感来说，消除内疚感比较容易做到。很多文章和书籍里都能够找到相关的佐证，也能被很好理解和运用。我在许多心理学著作中找到了最直指人心、消除内疚感的一些思想，写在了书中。

在疏通了内在爱与恨的冲突，消除了对父母的怨恨和内疚之后，还有一个需要解决的问题，那就是长期以来形成的低自尊、低自我价值感、羞耻感、无存在感。所以第四阶段，就是要消除羞耻感，重建价值感。

比起内疚感来，羞耻感的消除确实是一件非常难的事情。我通过借鉴美国心理学家贝弗莉·恩格尔在《这不是你的错》一书中所写的消除羞耻感的方法，并且融进了自己的思想和理解，把消除羞耻感的终极解决方法分成了五个方面：自我理解、自我宽恕、自我接纳、自我关爱、自我鼓励，并且做了详细的操作讲解。

心理学具有很短的历史，却有一个很长的过去。自从 1879 年由冯特在莱比锡的心理实验室建立，心理学才作为一门独立的学科从哲学范畴中分离出来。

而在这之前，心理学一直是隶属于哲学的。哲学是什么呢？哲学无非是思考"我是谁？从哪里来？到哪里去？有什么意义"的问题。在这些问题中，大哲学家加缪说，"真正严肃的哲学问题只有一个，那就是生与死"，这正对应了西方那句著名的格言"To be or not to be, this is a question（生存还是毁灭，这是一个问题）"，从而延伸到了对人类人生和生命意义的思考。

所以，第五阶段，就是寻找人生和生命的意义。当然，这些关于人生和生命意义的观点，不是我的个人发明，我还没有那个能力和资格。这些观点是我在大量阅读、大量听课的基础上，遴选了其中较具代表性的几个心理学家、哲学家或其作品中人物的观点，把他们的思想搬运了过来。其中主要有武志红、西西弗斯、布莱恩·魏斯、赛斯、弗兰克尔五个人对于人生和生命意义的理解和看法。我将他们的观点做了比较详细的讲解，力求做到通俗易懂，实用性强。

第二，虚拟爱之疗法

虚拟爱之疗法，其实是代际创伤五阶段疗法的第一阶段。因为这个阶段非常重要，而且这个步骤，其实就是给来访者重新构建一个充满爱和温情的故事，让来访者能够充满希望地活下去。

虚拟爱之疗法的操作，主要有三个层次：

如果是不太严重的心理创伤，使用叙事疗法就可以达成。咨询师引导来访者寻找其成长过程中那些充满爱和温情的亮点，然后把这些充满爱和温情的亮点串起来，形成一个新的故事。

如果是稍微严重一点的心理创伤，就需要用到宗像恒次教授的SAT催眠。通过催眠重新构建一个充满爱和温情的人生成长故事。因为在催眠中重建的故事让来访者有非常真切的感觉，就像真的发生过一样。通过催眠改变了来访者的潜意识，也以此疗愈了来访者的伤痛。

如果经过叙事疗法和SAT催眠，还是没能重新建立一个爱的故事，那就要用到时间线催眠了。时间线催眠就是让时光倒流，直接把创伤记忆扔掉，再替换成充满爱和温情的记忆。

在书中，我写出了三个SAT催眠的引导词、一个时间线催眠的引导词。这是同行以及来访者可以直接使用的现成的催眠指导语。

其实虚拟爱之疗法，在我之前，已经有心理学界的前辈在用了，比如叙事疗法、SAT催眠、时间线催眠、VR辅疗，只不过是他们没有使用"虚拟爱之疗法"这个提法而已。

所以，我可以说自己是代际创伤五阶段疗法的创始人，却不能说自己是虚拟爱之疗法的创始人。我只能说自己是虚拟爱之疗法的提出者和倡导者。

第三，内在关系的各种疗愈之法

心理学家曾奇峰说，潜意识即命运。心理学鼻祖弗洛伊德说，强迫性重复即命运。心理治疗师艾瑞克·伯恩说，人生脚本即命运。韩国精神科医生朴用喆说，情绪习惯即命运。心灵作家李欣频说，人类木马程序即命运……

关于命运的说法和解释，众说纷纭，这难道是心理专家们在自相矛盾吗？

所谓命运，无非是我们遇见过什么人，发生过什么事。无论是人还是事，最终也都是和我们发生过关系才能对我们有所影响。而幼年时候与养育者之间形成的互动关系模式，对我们的人生有着决定性的影响。

因此，人类幼年时与养育者之间形成的关系互动模式，最终会内化到我们的心灵深处，成为我们的一种内在关系模式，也就是"人格＋性格"。弗洛伊德曾说过，一个人的内在关系模式在6岁之前就已经定型了。

大部分人的最重要养育者是父母，父母是我们最重要的关系来源。因此，人类的内在关系模式，可以看作是"内在父母"与"内在小孩"之间的内在关系模式。

这个内在关系模式，即命运。6岁之后人生所经历的人和事，不过是6岁之前所形成的内在关系模式的翻版。内在关系模式为什么会不断地重复和显现呢？我们的命运为什么会一直顽固地在轮回呢？

自心理学诞生之后，这个内在关系模式就吸引了无数的心理学家为之探索、研究，所以内在关系模式也就有了各种各样的名称：

强迫性重复、轮回、潜意识、人生脚本、内在小孩记忆、情绪习惯、人类木马程序、剧情、生命软件、胜肽……

⊙ 强迫性重复：

弗洛伊德在 1920 年发表的论文《超越快乐原则》中提出了"强迫性重复"的概念。"强迫性重复"，意思是指我们会不知不觉地在人际关系尤其是亲密关系当中，不断地重复我们童年时期印象最深刻的创伤或者创伤发生时的情境。

⊙ 轮回：

"轮回"，本是佛教中的一个词语，本意指循环出现、重复出现。命运，按照心理学的解释，是将自己童年时候形成的内在关系模式投射到成年后的各种人际关系模式中，于是命运就变成了一种"轮回"。

⊙ 潜意识：

心理学家荣格说过，你的潜意识正在操控你的人生，而你却称其为命运。潜意识是我们无法觉察到的那部分心理活动。它自动接收和分析外界的信息，自动形成我们对事物的感知、看法、判断和选择，只是整个过程我们自己根本没觉察到而已。

⊙ 人生脚本：

心理学家艾瑞克·伯恩说，人生脚本是童年期针对一生的计划。也就是说，是小孩自己决定了一生的计划，而不是单纯受到外力（如父母、环境）影响所造成的。这个"决定"不同于大人深思熟虑后的决定，而是对自己生命基调的一种感觉。

⊙ 内在小孩记忆：

修·蓝博士在《零极限》一书中认为，在我们身边发生的所有事情（例如好事、坏事、人际关系、金钱问题、疾病、受伤、家人、灾害、在国外所见的悲惨新闻、考试的结果等），几乎所有的原因都源于内在小孩所累积记忆的重播。

⊙ 情绪习惯：

大脑会本能地维持它所熟悉的情绪。相较于一些愉悦快乐的情绪，大脑不一定选择他们，它喜欢自己比较熟悉的情绪。心理学家研究发现，一个人的幸福持久度和外界环境没有太大关系，而内在的快乐情绪习惯是非常重要的。

⊙ 人类木马程序：

每个人都有一些限制住自己的信念与故事、情绪与行为的固定反应模式，对此，我们或有所了解，或毫无觉知。电脑中了木马需要移除木马程序，人体也一样，有了木马程序，需要清理木马程序，重启操作系统。

⊙ 剧情：

剧情，是我们内在关系模式的对外展现。心理学所说的内在关系模式，即我们内心的剧本。剧本里的人物形象、人物之间的基本关系模式已经设定好了。在我们的潜意识里，存在着许多剧本。这些剧本是童年经历内化到心里形成的。在我们的生理上，它们已经形成了脑神经回路，成了细胞记忆。所以，我们成年后的人生，大多也是照着剧本一遍又一遍地重复那些熟悉的体验。

⊙ **生命软件：**

人生的痛苦也许千差万别，但内在的模式却大同小异，比如悲观模式、内耗模式、痛苦模式、假装忙碌模式、目中无人模式、指责模式、受害者模式、操控模式、恐惧模式、焦虑模式等。从这些活生生的案例中，你也许能看到自己的影子，并觉察到自己正在"运行"的人生模式。

⊙ **胜肽：**

从生理学上说，如果我们不断重复地做某件事，我们的某些神经细胞之间就会建立起长期且固定的关系。比方说，如果我们每天都生气，感到受挫折，每天都觉得十分悲惨痛苦，每天都对这个世界充满了抱怨与愤恨。那么，我们就是每天都在重复性地为那张神经网络接线和整合。久而久之，这就变成了我们一个固定的情绪模式。

接下来，我在书中就其中的几种论述进行详细的讲解。我把原作者提出来的那些确实有效的解决方法和应对措施，融进了自己的理解，再力求用通俗易懂的语言文字表达出来，以期能够真真正正地为读者服务。这些主要包括强迫性重复、潜意识、人生脚本、情绪、木马程序这五个论述。

序：
关于本书

    本书是国内第一本研究代际创伤的专著，对代际创伤的概念、原因、表征、影响、内容、疗法等，都有极为详细的论述。尤其是在疗法方面，分别从一般步骤、内在小孩、身心灵、内在关系模式等四个方面进行了全息式论述。书中列举的各种疗法，不仅实用性强、操作性也很强，是受创伤者直接可以使用的干货，其中很多方法都是经过作者实践检验过的确实有效的疗愈之法。

    创新观点之一：虚拟爱之疗法。这是作者在经历了最痛苦、最黑暗的灵魂之夜后从实践中总结出来的。在最痛苦的时候，如果直接承认"父母从来没有爱过自己"，那么受创伤者根本就活不下去，所以此时需要通过催眠重新虚拟一个爱的成长故事，帮助受创伤者增强生命的自体。之后，再思考还有大自然、宇宙、人类集体潜意识都在爱着每一个人，使受创伤者的内心有爱的感受和爱的流动。之后，才能试着让受创受者接受真相：父母可能不爱你。

    创新观点之二：不必原谅，不必和解。对于父母给自己带来的创伤，"不必原谅"是作者在自身的体验和给来访者做咨询的时候总结出来的。对于特别严重的心理创伤，原谅父母并不会让一个人的内心更好受，反而让受创伤者产生更多的自我攻击，导致心理创伤久久不愈。所谓"不必和解"，是指不必与实体形态的父母和解，实体不重要，重要的是与内在父母的和解。对于某些父母来说，双方是无法交流的，也不可能和解。况且，如果仅仅是表面和解，内在不和解的话，受创伤者同样是无法疗愈的。

创新观点之三：内在关系的各种疗愈之法。作者熟读过国内外几百本心理学著作，了解到有很多心理学家都研究过内在关系模式，但是其名称多种多样。作者把这些内在关系的各种名称，放在一起进行对比和总结，同时挑出几项特别具有操作性、实用性的理论，结合原作者的观点，并且把作者自己的理解和实践感受融了进去，呈现给读者的是真正的干货。

创新观点之四：信念创造实相。虽然没有用很大篇幅来讲述信念创造实相，但是贯串整本书的始终都有一个主要思想，那就是信念创造实相。世间各种疗法万变不离其宗，归根结底都是"亲爱的，外面没有别人，只有你自己（张德芬）"，外境由心造，我们所感受到的一切，都是内在自我的向外投射。因而来讲当改变了一个人的灵魂状态之后，整个人的精神状态也就会随之而改变了。

目 录

第三章　疗愈你的内在小孩

第四章　疗愈你的身心灵

第五章　找到破解代际轮回的密钥

第六章　超越原生家庭的双向养育

第一章

关于代际创伤

　　创伤事件不仅会对亲身经历创伤事件的当事人产生深远的影响，而且还会继续以某种潜移默化的方式，影响当事人的后代，对即便没有经历过那些事件，甚至对那些事件一无所知的后人，也会产生深远的甚至破坏性的影响。

　　也就是说，这些创伤会像基因遗传一样，传递到下代人、下下代人的身上，从而表现出与上辈人相类似的偏差行为。

第一节　为什么家会伤人

一、心理创伤

创伤事件在精神病学上被定义为"超出一般常人经验的事件"，这类事件会让人感到无能为力、无助、麻木，其发生是突然的、无法抵抗的。也有学者将创伤事件定义为"任何一种突然发生的、潜在的、生活危险事件"。什么样的事件才算是"超出一般常人经验"呢？

有两种标准：

一种是现实中发生的重大创伤事件：对成人而言，可能是强度上表现得重大。

比如亲人去世了，或者是强度特别大的生活事件，比如被遗弃了、离婚了、截肢了、失明了……

另一种是内在体验的放大：而对于孩子来说，内在体验的放大就叫作超出一般。

创伤事件，不一定就会导致创伤性结果，因为人类有一种心灵自愈的本能。然而却有 10%-15% 的人在经历创伤事件后，会变成真正的创伤性结果，也就是创伤后应激障碍 PTSD，**这就是心理创伤**。

心理创伤虽然看不见，摸不着，但是对人最严重的伤害！

二、心理创伤的分类

第一种分类：

自然灾害

典型的自然灾害包括地震、火灾、洪灾、雪崩、飓风、龙卷风、火山爆发等。

人工的灾难

比如战争、坠机、火车出轨、海难事故、交通事故、陌生人暴力攻击等。

人为的灾难

所谓"人为"，就是侵害者是有意而为之，不论这个"有意"是意识层面的，还是潜意识层面的。诸如绑架、强奸、情感虐待、躯体虐待、性虐待等。

第二种分类：

简单型创伤：

简单型创伤，多半发生在成年人，而且是偶然发生的，可能这一辈子就发生一次。

比如一次车祸、一次目睹911事件、一次走在路上被跳楼的人砸伤等。

复合型创伤

复合型创伤，常常发生在儿童时期，因为在儿童时期发生的这类创伤，不是偶然发生的，而是经常发生的；不仅是人为的，而且还是蓄意而为。这样反反复复、漫长的创伤事件极大可能变成创伤性结果，而且迟早要发作。

怎么理解呢？

比如儿童生长的环境，父母可能因为人格不正常、经济状况不好、文化育程度低、药物上瘾等，会把自己的一些愤怒、厌世、不满、自我厌弃投射到孩子身上，因为孩子最软弱可欺、无还手之力、逃无所逃。

父母可能会因为在外面遇到不顺心的事情，回家暴打孩子；可能会口出恶言，"你是个笨蛋""你真让我丢脸""你是从垃圾堆里捡来的""你是世界上最差最差的小孩"……怎样让孩子痛苦，就怎样说。

有些孩子遭受父母迫害的时候，会不由自主地想要喊出"妈妈救命""爸爸救命"。可他忽然意识到，迫害他的人就是他的父母，所以赶忙用手把嘴巴捂住。他不能叫喊出来，因为迫害他的人就是他的父母。

三、原生家庭创伤

属于养育者人为的复合型心理创伤。如果是早年生活中经历的、长时间持续的就叫作原生家庭创伤。

大多数人认为，心理创伤只是精神上的问题或脑内功能失调，其实心理创伤与身体有紧密的联系。人们会被吓得动弹不得，会变得无助，会被击垮，瘫倒在地；会有一系列的生理改变。

如果你有原生家庭创伤，根据赫尔曼（1992）原创、梅琴鲍姆（1994）改编的描述，那么你也许会有以下的某些症状：

1. 情感和冲动的控制改变

慢性的情感失调（好像你的情感由它自己在指挥）

对愤怒的调节（管理与控制）变得困难

出现自残或自杀的行为

对性活动的调整变得困难

出现冲动的和危险性的行为

2. 注意力和知觉改变

遗忘症

短暂性的灵魂出窍（短时间的失神）

人格解体

现实解体

3. 躯体化的反应

消化系统障碍

慢性疼痛

心、肺症状

转化性症状（心理上的问题转变化为生理上的症状）

性功能的症状

惊恐

4. 自我认知改变

慢性的内疚、羞愧和自责

感觉自己永远要受到伤害

觉得自己无能为力

觉得没有人能理解自己

5. 对侵害者的认知改变

接受侵害者关于你自己、其他人以及所发生的侵害事实的歪曲的观念

理想化侵害者的形象

产生想要伤害侵害者的内在冲动

6. 与他人的关系改变

无法信任他人

不断地责怪自己

责怪别人

7. 意义系统（怎样看待生活、他人和信仰）改变

绝望、无助

失去以前支撑你的观念

四、原生家庭创伤的分类

1. 躯体虐待

小飞今年 16 岁，他都不记得父亲这是第几次打他了。小飞正在房间里玩游戏，父亲喊了他几声，他没听见。然后父亲的拳头就啪啪啪地落到他的背上、头上了。

小飞每次只要在晚上 9 点以后回家，都会挨揍。小飞母亲去劝说的时候，父亲连她都打。

任何给孩子造成肉体痛苦的行为，不论其是否留下了伤痕，都叫作躯体虐待。

不同的社会阶层、民族、种族的人们，每天都在犯着同一种可怕的罪行——对儿童进行躯体虐待。除了个别高度文明的国家认为这是违法行为之外，大多数国家和民族并不觉得这有什么问题。

很多人在做了家长之后，总是会有掩饰不住的打孩子的冲动。当孩子不停地哭闹时；当遭遇了不顺心的事情时；当与配偶吵架时……这种冲动就会特别强烈。很多时候，与其说是孩子有什么问题，不如说是父母自身的情绪失控。

这些习惯性躯体虐待孩子的父母有着这样的一些共同特征：

第一，这些虐待者极度缺乏控制情绪的能力，每当需要发泄愤怒的时候，就会向孩子发动攻击。

第二，这些虐待者常常把孩子看成自己的代理父母，认为孩子应当满足他们父母从未满足过自己的情感需求。

第三，这些虐待者往往来自被虐待的家庭，他们的行为是小时候体验和领悟的轮回，他们从受虐者变成了虐待者。

第四，这些虐待者真正愤怒的人是他们的父母。

2. 性虐待

那天妈妈不在家。

继父把小林叫到卧室，叫小林摸他阴茎、舔他阴茎。继父用铅笔戳小林下体，还说完了之后给小林糖吃。

小林不敢违抗，但是小林觉得好羞耻。

小林终于鼓起勇气对妈妈说了这件事，妈妈说小林不要脸，并叫她不要到处声张。

有些人可能会以为，性虐待只是身体上的侵犯；但实际上，儿童性虐待不仅仅是指猥亵和强奸。但凡与性相关的活动，无论孩子是否愿意，都是对儿童的性虐待。

侵害者可能会用粗暴的手段让儿童做这些事情，也可能假装做一个游戏，或者给儿童以各种奖励。但即便是这种行为看上去很好玩，或者儿童觉得很好玩，性虐待仍然对儿童有着极大的伤害。

性虐待可以发生在任何年龄、任何宗教、任何种族、任何男孩、任何女孩身上。有些人对儿童进行了性接触，但更多的人只是对儿童进行了与性有关的触摸。

大多数时候，性侵犯者不是陌生人，而是儿童非常熟悉的人，可能是亲戚（叔叔伯伯、表哥表姐、堂哥堂姐、舅舅、姨妈姑妈等），也可能是周边的人（保姆、司机、邻居等）。

侵害者可能会警告儿童要保守秘密，不能告诉别人。他们可能会威胁儿童，说这是儿童的错，如果家人知道了，父母会为此感到丢脸和羞耻。

所以，很多时候儿童不告诉父母，是因为感到羞耻、难堪和害怕。有些儿童可能会对侵害者感到非常愤怒，或者被吓坏了。还有些儿童可能对此有罪恶感。

由此，很多儿童不愿意公开自己受到了性虐待，或者需要一段时间去积蓄揭发的勇气。

3. 情感虐待

心理学上，情感虐待是指在一段关系中，双方的地位不平等，处于优势地位的人对弱势一方进行控制、无视、侮辱等持续性的心理折磨。

◎情感忽视

小英是个女孩子，父母为了生个小弟弟，给小英伪造了一份残疾证明，并且在小英妈怀孕前后把小英寄养到了亲戚家中两年。

回到父母家后，当那些同龄人在玩耍的时候，小英却在带弟弟；当那些同龄人在学习的时候，小英还在带弟弟。

家里好吃的、好玩的都是给弟弟，小英就像是一个隐形人。

情感忽视是一种关乎存在感、价值感的创伤，是指我们没能从父母那里得到相应的情感支持和回应。

被情感忽视会造成的感受有：被拒绝感、被无视感、不对等感、绝望感、自我评价的挣扎感。

长期被情感忽视会带来以下四点影响：

(1)会觉得自己不好。

(2)会带来自我忽视。

(3)自我价值感不足。

(4)常常怀疑自己存在的意义。

当每次被忽视时，被长期情感忽视的人，会首先严厉地责备自己，并且极力去讨好对方。他们以为只要自己对对方足够好，就能够得到对方的爱。但是他们逐渐发现，无论自己再怎么努力，都是同样被忽视，他们还是没有办法得到关爱。于是，他们就会对自己说："我果然没有存在的价值。"

儿童被养育者忽视后，也会开始自我忽视。自我忽视的人，最擅长关怀他人，却从不关怀自己；最喜欢讨好别人，却从不讨好自己。他们可能会轻易地原谅他人犯下的错误，而一旦双方有争执和冲突，首先自我认为是自己不好，自己有问题；而对方是没有问题的。

◎情感控制

2018 年 6 月 17 日，重庆一位女子酒后去了江边，准备自杀。

幸亏被民警及时解救。原来这位女子有个女儿。女儿填高考志愿时瞒着妈妈填了北大；而且女儿成绩一直非常好，高考极有可能考取北大。

在此之前，女子就因为高考填报志愿的事情，与女儿发生过争吵。没想到女儿还是不听话，自己做决定填了北大。该女子觉得女儿长大了翅膀硬了，不听话了，自己活着已经没有了任何意义，所以就想去跳江寻死。

从这个案例中，我们看到的是，"学习好还是不好，没关系""人生发展好不好，没关系""孩子开不开心，没关系""最重要的是——听话"。

这就是一些家长的听话哲学。

中国向来有孩子要听父母话的传统，孩子无论是事业还是婚姻，都是父母说了算，孩子没有决定权。换言之，在中国几千年的封建社会中，孩子不算是独立的个体，没有人格权和自我决定权，只是父母的附属物。

情感控制包括过度保护、过度干涉、过度期待。过度保护说的是溺爱型父母，过度干涉说的是无边界型父母，过度期待说的是严厉型父母。这三种父母都把控制孩子的技术演绎得极为"精彩"，让孩子的人生重度窒息，严重的甚至生无可恋。

譬如不允许孩子有自己的房间，即便有也不许上锁，要求孩子所有的事情都要向父母报告。譬如非常强硬地控制孩子，甚至可以付出任何代价，哪怕是流产堕胎，都要让女儿与男友分手。譬如要求孩子一定要考100分，即便是孩子考了99分都要挨揍，并且自己也会为此气得吃不下饭。

这不是爱，是控制。把控制说成爱，是亲子关系中最常见的谎言之一，而且对这个谎言，我们很容易信以为真，并因此而受伤。

只要是我说的话，儿子就必须无条件地服从。要不然我怎么树立权威，还怎么当父亲？儿子一放学回家，就必须做作业。可是儿子说要休息一下，我就忍不住勃然大怒，他怎么能违背我呢？

侵害者通常认为自己的强制行为是必要的，而且是正确的。否定孩子的意志，通常是为了控制孩子，并且认为自己非常清醒，非常明白。

◎情感勒索

爸妈生你养你，一把屎一把尿地把你养大，对你恩重如山，你怎么还不知道孝敬老人？

自从有了你之后，我连一场电影都没看过，你怎么能这样对我？

要不是为了你，我早就和你爸离婚了，所以你应该……

情感勒索，也叫情感敲诈、情感绑架，即以爱的名义要挟对方顺从自己的想法做事。其核心在于"扭曲"二字，一般会经历这样几个步骤"要求—被拒绝—威胁—对方内疚或惭愧—对方屈从"。

情感勒索者一般有两种类型：虐他者、自虐者。

虐他者的逻辑：

(1)如果你不顺从，你就是不孝子，是白眼狼。

(2)当你不让步时，你就是自私、邪恶、贪婪、没心肝的人。

自虐者的逻辑：

(1)如果你不照我的意思去做，我就会很痛苦，可能会旧病复发。

(2)如果你不听话，我就去死。

很多中国式父母很擅长于告诉子女，"父母恩重如山，要二十四孝"，要对父母"有良心"。因为自从长达几千年的封建社会以来，养育子女就是为了传宗接代、多子多福、养儿防老。

有些父母在看到婴幼儿的时候，看到的不是一个可爱的孩子，而是看到将来会有人报答自己的大恩大德了。于是，个别父母在孩子三岁前，对其极度忽视、放任自流，因为孩子三岁前"不记事"；而在三岁后，才开始对孩子好，因为"怕孩子记仇，将来不给自己养老"。

而且，孩子在长期的"感恩教育"影响下，也会觉得自己的生命源自父母，今生唯有肝脑涂地、鞠躬尽瘁方能报答父母。

我们被迫与情感勒索共舞，却根本无法看清勒索者的手法，他们的行动仿佛笼罩在层层浓雾当中。这层层浓雾就是恐惧感、责任感、罪恶感。勒索者往往会利用受害者的这几种情绪来要求对方顺从他们的要求。

情感勒索者会将这层层迷雾，以排山倒海之势灌进双方关系中，让我们不敢违背他们的意志，只得乖乖顺从。而当无法达到他们的要求时，我们还会感到无以名状的恐惧感和罪恶感。

五、虐待儿童

虽有虐待儿童的数据，但我们对此仍是不确定。因为大家对虐待儿童的定义没有达成一致的意见，而且许多受害人不愿意公开受虐的经历，最终使虐待儿童的范围难以确定。

以下数据来源于一份中国权威报告：

每4个成年人中，就有一个童年时遭受过身体虐待。

每5个女性中、每13个男性中，就有一个童年时遭受过性虐待。

每年有 4.1 万名儿童被照料者杀害（这一数字远低于实际数字）。情感虐待是最广泛的儿童虐待形式。

在中国，67.1% 的家长曾在情感上虐待过孩子。

北京青少年法律援助与研究中心发表的《别让孩子在家暴的阴影下成长——未成年人遭受家庭暴力案件调查研究》描述了中国未成年人遭受家庭暴力案件所呈现的特点：

1. 暴力主要来自父母，父母单方施暴更为常见。

2. 10 周岁以下未成年人更容易遭受家庭暴力，女童高于男童。

3. 家庭结构发生变化、非婚生家庭和流动、留守家庭的儿童更容易成为家暴受害者。

4. 未成年人遭受家暴原因复杂，因家庭矛盾拿孩子撒气和暴力管教为主要原因。

5. 多种形式的家暴并存，遗弃、性侵害和家庭拐卖应当引起重视。

我们所知道的是，这些孩子确实遭受了虐待，而给其中一些孩子造成的后果是，他们将这些问题带入了成人阶段。如果你在童年阶段遭受了虐待，并且现在正与心理创伤问题进行斗争，你需要知道有过如此经历的并不是只有你一个人。

第二节　代际创伤的前世今生

一、代际创伤概念及特点

一般来说，心理创伤分为两大类：

第一类创伤事件的强度不大，但是持续的时间非常漫长。比如一个人在童年长期遭受家人忽略、虐待、抛弃、贬低、冤枉等等，这些创伤属于慢性创伤。

第二类是偶然的突发事件，创伤事件发生的时间虽然很短，但是创伤的强度巨大。比如说车祸、溺水、大洪水、战争、大屠杀等。

研究者发现：南京大屠杀过后，幸存者的后代也会带着类似的恐惧、焦虑、害怕及身体上的一些应激障碍；母亲在孕期如果遭遇了不良情绪或者应急创伤未能及时疗愈，生出的孩子在长大后也会带有这种类似的情绪。

研究者还发现：当一个人出现心理疾病问题时，一般都可以从他的家庭系统中追溯原因，可能是父母辈，也可能是隔几代的某一位前辈，曾经被忽视、被遗弃、非正常死亡等给家族造成了心理创伤。

心理创伤在一代人发生了以后，影响下一代，甚至影响下下代的心理现象，叫作代际创伤。换句话来说就是，这些创伤会像基因遗传一样，传递到下代人、下下代人的身上，从而使后辈人表现出与上辈人相类似的偏差行为。

代际创伤的基本特点：

1. 创伤事件，不仅会对亲身经历过创伤事件的当事人产生深远的影响，而且还会继续以某种潜移默化的方式，影响当事人的后代。对那些即便没有经历过那些事件，甚至对那些事件一无所知的后人，也会产生深远的甚至是破坏性的影响。

2. 决定人生命运的，心理学祖师弗洛伊德把它叫作强迫性重复，美国心理学家艾瑞克·伯恩把它叫作人生脚本，精神分析师曾奇峰把它叫作潜意识，佛教里面则把它叫作轮回。这几个概念基本意义大体一致，均指的是儿童6岁前，与养育者形成的关系互动模式，将会形成这个孩子的潜意识和人生脚本，并且在其今后的人生中，不断地进行强迫性的重复和轮回。

二、代际创伤传递的社会潜意识因素

1. 重男轻女

自从原始社会结束后，世界上很多国家和民族就开始了重男轻女的历史，中国也不例外。

在传统的中国社会中，生儿子是一件非常重要的事情。有儿子就意味着后继有人了，香火可以传承了，晚年生活有依靠了。所以，古时候骂人最毒的一句话，莫过于"断子绝孙"。

这样一来，就会造成一些特别悲惨的事情，比如一个家庭里生了女儿之后，有时候会将其遗弃、送人，甚至溺死。即便能活下来的幸存者，在家里也不会受到重视和关爱。并且，女儿是没有任何决定权和话语权的，所谓"在家从父，出嫁从夫，夫死从子"。敢情女人就不是一个独立的人，只是男人的附属物，相当于一件财产。

即便到了21世纪，中国已经实现男女平等了，但在一些地区，仍然存在着重男轻女的思想。这样就让一些女性的生活造成了两个后果：

一是存在焦虑，低自我价值、低自尊，常常有"不配活着"之感。

二是会有幸存者内疚，觉得自己能活下来，是父母天大的恩情。自己唯有肝脑涂地、鞠躬尽瘁方能报答父母兄弟们的大恩大德。

2. 儒家文化

中国儒家文化中，最大的一个特点就是"百善孝为先"；在很多朝代中，甚至提出了"以孝治国"。在古代，孝顺的人不仅可以受到各方称颂，甚至可以直接做官；而不孝的人，不仅在社会上被唾弃，无立足之地，甚至还有可能是杀头的大罪。

从《孝经》到《弟子规》，无一不是教育孩子要如何尊重长辈、孝敬父母，正所谓"父叫子亡，子不得不亡"。君主对臣民有着生杀予夺的大权，父权也对子女有着决定其生死的大权。所以，在古代，越是反人性的"孝顺故事"，就越是能得到人们的争相效仿和八方称颂，比如"埋儿奉母""涌泉跃鲤"等。

那么，这里边就会有一个问题，即社会对父母和子女的道德要求是双标的。只有要求子女如何孝顺父母、尊敬长辈的教条和经典，却没有保护少年儿童成长有利的法规和书籍。由此可以想见，古时候的少年儿童，受过多少不为人知的虐待！

哪怕是到了 21 世纪，国家已经出台了《未成年人保护法》，国际上还有《儿童权利公约》，然而封建思想的残余影响在局部地区还是随时可见踪迹。

3. 我们的时代

对于我们"八零后"来说，父母多是 20 世纪 50 年代出生的人。

这里有一个历史因素，我们的父母出生在饥荒的年代，成长在动乱的"文革"年代。他们没有青春期，没有隐私，谁声音大谁就有理，谁穷谁红谁就最爱党。

这一代人成为父母后就会形成以下一些特点：

⊙ **父母没有青春期。**

父母也因此不知道孩子到了 12—18 岁的青春期会有一些独立的自我意志要发展。父母一看到这种苗头就视之为洪水猛兽，强力压制。父母的成长期不被允许有隐私，因此他们也就无视子女的隐私，随便闯进子女的房间，翻看子女的日记，检查孩子打电话给谁。

⊙ **过度控制子女。**

由于很多"五零后"父母的人生是没有民主的，因此也不知道要给孩子民主。他们会强迫孩子学不喜欢的东西，强迫孩子做不喜欢的工作，强迫孩子和不爱的人结婚；而对孩子的真正所爱，却拼命地打压和反对。

⊙ **不敢成功，不敢富裕。**

这类父母怕被人说是贪求资本主义，所以宁愿做穷人，也不要做"恶财主"，然后自相矛盾地把所有希望和理想都寄托到孩子身上，希望孩子去替他们完成人生理想。接下来，他们就对孩子提出一些不切实际的期望，由此导致孩子的身心压力过大。

三、代际创伤传递的根源

那么问题来了，同一个社会文化背景下，为什么有些家庭几乎没有代际创伤，而有些家庭有轻中度的代际创伤，而某些家庭却有着严重的代际创伤呢？

"代际创伤理论"最早是由心理治疗师莫雷·鲍恩提出来的。鲍恩认为，家庭经历会形成一个塑造每一代人的价值观、想法和体验的模板，然后再将这个模板传递给下一代。

第一，鲍恩强调的是原生家庭实实在在的成长经验和家庭环境对个体的影响，而不是个体认识到的或个体内化的体验对个体的影响。一般而言，我们看一个孩子的行为模式是怎样的，基本上就能猜测出来，他的爸爸妈妈是怎样的一个人。

案例 1：强迫症的传承

小明有着较为严重的强迫症倾向，写完作业的时候，他会左一遍右一遍地检查，生怕哪里错了，得不了一百分；握笔的时候，他会左一遍右一遍地看自己的握笔姿势，生怕自己的握笔姿势有一点不标准，父亲就要过来强行纠正他了；晚上睡觉之前，他也要左一次右一次地检查书包里的文具是否带齐，铅笔是否削好……

小明的这些情况，已经严重影响了其学习效率和睡眠质量。每天晚上要到 12 点他才能勉强完成作业。睡下之后，他又会忍不住地起床检查书包，一天晚上要起上好几次才肯罢休。学校每次测验和考试，小明都不能按时完成。因为每道题小明都要左想右想、左思考右思考，非得万无一失，百分之百准确了，才肯做下一题……

心理师了解到，小明的父亲本人就是一名强迫症患者，平时家里要收拾得干干净净、整整洁洁，不能有一丝一毫的紊乱，否则他就要大发脾气；平时吃菜的口味，就固定在那几个菜，一旦小明妈妈变换菜品，小明父亲就要生气，骂人；他会每天规定小明必须先做什么作业，然后再做什么作业，最后做什么作业，绝对不允许乱了顺序；他还会规定小明必须坐哪把椅子，一旦小明私自换了椅子，他就要大发雷霆……

第二，鲍恩的主要观点：

1. 你呈现的不只是你自己，还有你从小成长的家庭。

2. 你当下的家庭模式，根植于原生家庭中没有解决的问题。

3. 帮助他人解决当下的问题，最有效的方法应当至少采取三代人的视角。

案例2：指责型丈夫＋讨好型妻子

一对夫妻来找心理师解决问题。丈夫抱怨太太很多事情都做不好，每次都要让他大发雷霆，比如太过宠溺孩子、饭菜不合胃口、太懒、不做家务、太工作狂……太太则抱怨丈夫，一天到晚地骂人，骂完自己骂孩子，骂完孩子骂自己，就好像别人永远都是错的，而他永远都是正确的一样……

那么事实是怎样的呢？

心理师了解到，在这个案例中，丈夫的母亲就有指责型人格。比如，你把水杯放在右边，她就要说你为什么不放在左边；而如果你把水杯放在左边，她又要说你为什么不放在右边。于是丈夫全盘照搬地承袭了母亲的这一特点，在与妻子、儿子相处的过程中，把这一指责型人格展现得淋漓尽致。

其实，在这一案例中，妻子的母亲和丈夫的母亲是同一种类型，你把水杯放在右边，她有意见；而如果你把水杯放在左边，她也有意见。

那为什么妻子会成为讨好型人格呢？这是因为，妻子从小就对母亲的这一特点深恶痛绝，在内心暗暗发誓，将来一定不能成为这样的人。换句话说，就是妻子的能量干不过母亲，只能在内心向弱势一方的父亲认同，所以就形成了讨好型人格。

而丈夫则在父母互动的过程中，看到了人格强势所带来的好处，在内心向母亲认同，所以就逐渐地形成了指责型人格。

父母所经历的心理创伤，对子女会有怎样的影响呢？

1. 经历过创伤的父母有着强烈的内心冲突，从而影响了孩子的人格健康。

父母面对心理创伤时，一方面想要否认这种恐惧感，另一方面又想要揭示这个痛苦。因为一旦公开了那些创伤，可能会触犯一些伦理和禁忌；而压抑在内心中，又时时会有一股要喷薄而出的宣泄欲。父母的内心其实是非常矛盾的。所以，父母的情绪往往会呈现出心境循环化，时而回避冷漠，时而敏感易怒，喜怒无常，阴晴不定。当我们无意识地吸收了父母压抑的、没有处理好的情绪之后，我们就会承袭父母这种情绪不稳定的人格，从而影响自己正常时人际关系的功能，以至于成年后难以融入社会。

2. 孩子成为亲职化父母，既要照顾好自己，还要照顾好父母。

一些受过创伤的父母，年纪轻轻的就觉得自己的人生没有希望了，只有通过后代来帮自己实现愿望。经历过心理创伤的孩子，第一，要自己疗愈童年的阴影和心理创伤；第二，为了照顾父母的情绪，要给自己戴上一副内心强大的面具；第三，要补偿父母因为自身能力受损未能实现的心愿，为父母而活。这样一来，孩子就成为亲职化的父母，不仅成为父母的情绪配偶，甚至成了父母的父母。从这个角度上来说，孩子所受的心理创伤，一点儿都不比父母少。

3. 经历过创伤的父母，可能会对孩子造成情感上的忽视和虐待。

很多经历了创伤的父母，多多少少都会存在着情感淡漠、无亲和力、拒人以千里之外的问题。他们已经把自己的感受排除在外，只在意事情的是非对错，却不会在意孩子的内心感受。这种情感淡漠的父母，很少与孩子亲密，不拥抱孩子，不与孩子牵手，不关心孩子的生活和学习，不关心孩子的身体和心理，对孩子极度忽视。然后他们又非常顽固地要求孩子要"优秀"，要"出人头地"；否则就是"笨蛋""废物"，无情地贬低、批判、否定孩子，让孩子觉得自己"不优秀就不配活"。

4. 经历过创伤的父母，可能会感到极度的不安全感，从而对孩子过度控制。

与忽视型父母相对的，是过度控制型父母，这类父母往往是在以往的创伤中体验到了极大的不安全感，由此形成了极度不安全和焦虑的应对方式。他们对生活时时担忧，害怕哪天一松懈下来就没有饭吃，生活就过不下去了。因此，他们迫切地想要通过成功来保护自己，以消除无助感。在有了孩子之后，这类父母就会顺理成章地把这种不安全的焦虑感传递到孩子身上，对孩子产生过高的期望。本来孩子的能力只到 80 分，父母却要求孩子达到 100 分，哪怕考 99 分都要挨揍。于是孩子活得简直就生不如死。

四、代际创伤传递了什么内容

1. 身心（人际关系模式）症状：

这些身心（人际关系模式）症状，表现为一种命运的强迫性重复，也叫轮回。

比如父母离婚，子女也离婚；父亲外遇，儿子也外遇；母亲堕胎，女儿也堕胎；亲代人际关系不良，子代也会人际关系不良；亲代家庭暴力，子代也会家庭暴力；亲代女强男弱，子代也会女强男弱……

还有一种情况，是与父母相反的症状。比如童年时曾被父母严厉管教，一旦自己有了孩子之后，就过度放纵孩子；自己童年缺衣少穿、挨饿受冻，一旦自己有了孩子之后，就拼命给孩子吃、穿；自己童年被父母过度忽视，在自己有了孩子之后，就过度地干涉和控制孩子的一举一动……

2. 人生任务：

表现为，孩子要用自己一生的努力，去实现父母没有完成的理想和愿望。

比如，父母因为没上过大学而遗憾，子女就把考上好大学作为自己的人生任务；父母待在没有感觉的婚姻里，不敢离婚，结果子女在婚姻中遇到一丁点儿不如意就离婚；父母很遗憾自己没有成为公务员，结果子女就鬼使神差地当了公务员……

还有另一种比较隐秘的任务传递，对子女的命运可能影响更为深远。比如，父母离婚了，母亲就经常在女儿面前，哭诉自己如何命苦，如何为了女儿幸福，自己孤身一人维持家庭，没有再找伴侣。于是，女儿长大之后，就会出于内疚感而在无意识之中破坏自己的幸福，也离婚了："看，我没有背叛你，我也不幸福！"然后，在自己有了女儿之后，又以同样的方式向女儿哭诉……

3. 自我身份认同：

表现在孩子对自我身份的认同，龙生龙，凤生凤，老鼠的儿子会打洞。

比如，父母从小被看作是团体里不受待见、吃闲饭、多余的人，孩子也会常常把自己认同为团体里不受待见、吃闲饭、多余的人。反过来，父母小时候被认为是团体中重要的核心人物、领袖人物，孩子也会把自己认同为团体中重要的核心人物、领袖人物。

另外，还有一种情况则是相反的表达方式。基于父母的某些不良人格特点或社会地位低下，给孩子带来了自我的自恋型创伤，孩子由此而激起了对父母强烈的不认同，从而向相反的方向发展。比如，母亲喜欢在人后说三道四、搬弄是非，常引得邻里关系鸡飞狗跳，女儿从小对此深恶痛绝，在与人交往的过程中，慢慢地改变了自己的这个毛病，从此不在背后说人半句不是。

4. 家庭教养方式：

并非父母的故意，而是他们自然而然学到的唯一的一种亲子互动关系。

比如，父母见到孩子就很开心，经常与孩子拥抱、玩耍，总是赞赏、表扬、鼓励孩子，孩子就会产生一种骨子里的自信——我是可爱的、是值得被爱的、是受人欢迎的。成年后，他也会把这份善意带到人际关系中，于是就形成了良好的人际关系模式，世界也就回应了他感觉到的各种美好。最后，他获得了人生的成功、幸福、快乐和自我实现。在有了自己的孩子之后，他也会用同样的方式去与孩子互动，从而形成了良性轮回。

反之，如果父母一见到孩子就批评、呵斥、责骂、贬低，甚至动不动就暴揍一顿，那么，孩子就会产生一个骨子里的自我贬低——我是被讨厌的、我不配活着、我没有价值。这种孩子在成年后，就会对世界有一份敌意；"这个世界到处危机四伏，人类是不友好的。"然后，世界果然就回应了他所认为的各种邪恶，"世界是坏的，人类是残暴的"。最后，他成为社会的失败者，陷入了痛苦、悲伤、抑郁之中。在他有了孩子之后，也会无意识地用父母粗暴地对待自己的方式去对待孩子，从而形成了恶性轮回。

第三节　代际创伤对我们的影响

一、消极思维（习得性无助）

　　珊珊 2 岁时父母就离婚了。当时父母相互推诿，都不想要珊珊。最后，珊珊还是跟母亲一起生活了。于是此后珊珊一直小心翼翼地讨好着妈妈，生怕妈妈一不高兴，就把她抛弃。

　　上中学后，珊珊以同样的方式在讨好着每一个同学，为同学们打饭、打水、铺床、写作业，也因此使自己的事情一塌糊涂，学习也一直在中下游徘徊。

　　为此，珊珊经常陷入自卑、自责的境地，经常觉得自己一无是处，没有任何优点，自己的人生没有任何意义。

　　儿童在遭受长期的不公正对待之后，就会形成如下一些消极的信念：

　　"我总是做不到。""我为自己感到羞耻。""我可能是个倒霉鬼。""我不值得被爱。""没有人会接纳我。""我很卑微、渺小。""我再怎么努力也无法实现目标。""别人会发现我是一个伪君子。"……

　　人类在受到心理创伤之后，显现出来的情绪主要是恐惧、害怕、愤怒等原始性的情绪，并且带着某种碎片化的记忆。所谓碎片化记忆，是说记得不太清楚，但是记得的事件又特别的强烈，就好像是强行放电影一样，一遍又一遍地在大脑中重复播放。

那么，这些碎片化的记忆，经由杏仁核、海马体，传到大脑额叶、顶叶、颞叶、枕叶的时候，由于其零零碎碎，心理创伤者就会形成一些消极的认知：

1. 自责、自罪。别人都很好，别人都很优秀，每个"他人"都很重要。我不好，我差劲，我糟糕，我一无是处。我一表达自己真实的感受，就会有人受到伤害。因此，我不能愤怒，不能生气。

2. 人是不可信的。 地球是危险的，人类是危险的，亲人是危险的，这个社会不可信，到处危机四伏。我不能相信任何人，包括亲人。这个世界只有诈欺和谎言，我不会爱任何人。

3. 生活没意义。我活得这么卑贱，没人爱我，没人喜欢我，我的生命是没有意义的，我的存在是没有意义的。活着是一件很累的事情。

"人不可信""这个社会不可信"，所以，这些受到过创伤的人，在与人相处的时候，就会呈现出禁闭退缩的状态。由于觉得人不可信，每个人都是危险的，所以受过创伤的人会躲避人际关系，逃到自己的世界中去，形成孤僻、退缩的人格特点，严重的会形成抑郁症。

"我活得没意义""这一切都是我的错"，当一个人有这样的信念在头脑中盘旋时，他还活得下去吗？ 这个时候，他就很可能患了抑郁症。所以这些受到创伤的人就会反复地自残、自伤，最后就是自杀。一不留神，他可能就自杀成功了。

二、情绪障碍（过度警觉）

每次，当听到大皮靴踩踏地板的声音，小雨就会不由自由地发抖，然后四处张望，有时候还会伴有四肢的抽动。

心理师了解到，在小雨幼年时，就非常害怕父亲的大皮靴踩踏地板的声音，因为这意味着父亲回来了。

她不能确定父亲的情绪是好是坏，表情是阴是晴，不知道父亲什么时候会突然打母亲，有时候连小雨一起打。

过度警觉：一个人对亲密关系中的真实（预感）风险有着极度的敏感性，比如担心被拒绝、被遗弃、被忽视、被虐待……

一个过度警觉的个体，在风险出现之前会想办法防守或逃避，尽其所能地来防止不愉快的感觉发生。他们通常对他人的行为感到焦虑，并且，对模糊态度感到抓狂，所以，往往会通过控制来缓解风险感，比如翻电话、跟踪、索要密码……

过度警觉通常由以下因素形成：

1. 披拒绝／被遗弃／被忽视／被虐待的恐惧

一个遭遇了童年依恋创伤的人，常常会担心被拒绝、被遗弃、被忽视、被继续虐待。这些来访者普遍地认为，自己被他人利用，顽固地觉得任何人都不会在意他们，他们所在乎的一些人将很快离开他们。

在童年时，你可能考试拿了一个 B，妈妈对你说："你真差劲，你真笨，真后悔生了你。试卷难没有错，是你做错了。如果下次你不拿 A，妈妈就要生小弟弟了。"你的内心有着强烈的被抛弃感、被忽视感。成年后有了男朋友，你的男朋友也会经常对你说类似的话，然后你的内心就充满了高度警觉的敏感。

2. 失控的恐惧

作为一个孩子，你可能感受过无可奈何的无力感，很多情况你都难以控制。那么现在，作为一个成年人，你会对掌控感有着强烈的需求，以此来满足安全感的需要。

对掌控感的强烈渴求会制造大量的焦虑。当事情没有按着计划进行时，你就会很容易感到沮丧、不适和压力。担心如果你没能对事件的发展施以有效控制，局面就会崩溃。更重要的是，你怕自己会被他人控制。

一个来访者说，如果她对下属放松，不控制下属的工作进度，她就会觉得自己没有价值和强烈的恐慌。如果放弃掌控，让事情按着自然发展的方式去完成，她就会担心局面坍塌，自己被控制了。

3. 对被爱感到困惑，并被同一个人伤害

因为那些心理创伤是由双亲造成的，因此，当你遇到一个深爱你、又能保护你的人时，你就会下意识地觉得他也是伤害你、置你于危险中的人。这时，女孩就会产生心理混乱。

如同小时候，既希望被父母关怀，又对父母的亲近心生恐惧一样，这其实就是创伤逐渐形成的过程。十分遗憾的是，有这样童年的孩子，在成年后往往会下意识地把自己置身于一个既爱他又伤害他的关系之中。

三、解离症状

这是一个普通的上学日。课间休息的时候，男同学大山当着全班同学的面，念起了小敏写给他的一首未署名的情诗。

小敏突然想起了小时候被母亲罚跪在家门口，被周围的邻居、小孩围观的场景。

小敏突然间觉得这一切都不是真的，都是虚幻的。或者这只是一个噩梦，或者是穿越到了另一个时空。

小敏恍然间感觉到，自己的意识飘到了天花板上，在毫无感觉地看着教室里的表演。

"他们是在演话剧吧？"小敏想。

有一些受到创伤的来访者会这样讲述自己的感受："好像掉进黑洞里。""好像在空中飘浮。""好像人卡机了，动弹不得。""好像被炸飞了，变成碎片。""好像行尸走肉，看外面像画面，听人讲话好远。""好像我趴在泥潭里，四肢消失了。""好像来自另一个平行空间。""好像自己周围有一个玻璃罩子。"……

解离，是"我"被击散后呈现的感受，简单来说，就是情感麻木、生活不真实。我们其实是通过一系列感受来确认"我"存在的：时间、空间、躯体。当这三个基本感受的其中一个缺失的时候，我们就会在瞬间被打散，进入解离状态。

一般而言，解离症状有人格解体、现实解体、多重人格、解离性遗忘、解离性神游……

何谓人格解体，你在照镜子的时候，突然觉得镜子里的这个人很陌生，或是在马路上，看到自己阳光下的影子，然后就会问自己："这是谁啊？我认识吗？"有时候看着自己躯体的一个部分，就又会不由得发问："这条腿是谁的？是我的吗？到底是不是我的？真的吗？"

然后走在大街上，看到熟人，似曾相识，又好像不认识。这个人是张伟吗？到底是不是？你会觉得所有的人你都见过，又好像都不认识，都是陌生人。

所谓现实解体，就是，你看周围的一切好像都不是真的。你有一种感觉，你是通过一个毛玻璃在看这个世界，周围的一切似梦非梦。你怀疑世界已经毁灭了，地球上只剩你一个人，这些景象只不过是自己想象出来的。

你似乎不记得现实中发生过什么事情，你要到什么地方去，为什么来，你是怎么来的。这个地方，你好像很熟悉，又好像不熟悉。你怀疑你是从平行空间或古代穿越过来的。

所以，解离最重要的特点，就是逃离现实。因为当时的那个状态让你非常的恐惧和害怕，所以在当下的那个情景，你就逃离了当时的现实。由此之后，你不仅逃离了当时的现实，也逃离了当下的现实。

四、躯体形式障碍

小欣的父母吵了十几年，天天说离婚，天天对骂，甚至打架，但还是生活在一起。

小欣从 8 岁起，就患了中耳炎，反反复复，时好时坏，就是不能根治，而且每次回家就会加重，到了学校就减轻。

小欣对父母说："要离快离，别说了离又不离。"父母诧异地看着小欣，然后面面相觑。

终于在小欣 20 岁那年父母离婚了。小欣的世界从此一片清静。奇怪的是，小欣十多年的中耳炎也不再复发了。

一般而言，躯体形式障碍包括躯体化障碍、疑病障碍、自主神经功能紊乱、躯体持续疼痛障碍……

在创伤事件发生以后，有很多人会出现周身的不适。其中，疼痛、全身各个地方的疼痛是一个很典型的表现。而且这是一种慢性疼痛，也就是说可能会持续相当长的时间。

所以，疼痛变成了身体的一种记忆。研究者对受创伤人群进行测试的时候，发现他们的去甲肾上腺素平均指数，要远远高于一般人。也就是说，受创伤人群长期处于一个焦虑的状态，持续地释放大量的去甲肾上腺素。

还有，在当时受到创伤的情形下，有过被折磨、挣扎、战斗等；那么这种身体的感觉也会记录在身体中，成为全身，或者身体某一部分的疼痛，比如说——

有个来访者，每次与男友在亲密前就会莫名的下腹疼痛。对于女性来说，很多的下腹疼痛与子宫有关系。后来心理师了解到，她的心理创伤来自流产，内心觉得自己伤害了一个小生命，既是对孩子的内疚，也是对自己躯体疼痛的记忆。

但是有些来访者，并没有受到过父母的虐打，也没受过躯体上的折磨，成年后也出现了全身上下莫名其妙的慢性疼痛，这是为什么呢？这里有一个反向形成的心理机制。童年时被过度忽视，完全没有被关注过，成年后会用周身的慢性疼痛来表示自己也是与双亲有互动关系的，自己还活着——一个糟糕的关系也比一个没有任何互动的关系要好。

五、药物和酒精依赖

小俊不记得，自己是第几次喝酒了。

参加工作一年来，小俊总是整日整夜地紧张焦虑、害怕，然后忍不住一遍又遍地关门。是的，他非常害怕，害怕一个人睡，害怕关灯，害怕一个人在房间。

失眠特严重的时候，小俊就会不停地喝酒，有时候也会使用drug。——再这样下去，这份工作怕是保不住了。

小俊小时候也是这样，家里没厕所，夜里想撒个尿、解个手，都要跑到外边草丛里。父母睡得正香，何况怀里还有个弟弟，根本不会陪他去。

很多人对成瘾是否是疾病进行过长久的辩论。人们往往会这样认为：

如果成瘾是一种疾病，那么我就没有办法选择和掌控，我就不该承担任何责任，我只是被成瘾这个病"劫持"了。如果成瘾不是疾病，知道后果而为之，那么我就是在做个人选择，这是我的个人意志，我要承担后果。

成瘾是个世纪之病，现代很多人用成瘾行为来掩盖其真实的痛苦。这些成瘾，包括食物瘾、购物瘾、赌瘾、酒瘾、烟瘾、工作瘾，当然也包括各种药物依赖。

沉溺于成瘾成为一些人不健康的生活方式。它是一种等同于，借着外在事物，证明自己快乐或存在的慢性死亡方式。**成瘾行为是当我们无法面对真实痛苦时的止痛剂，否则，我们就必须面对自己受创伤的感觉。**

研究者发现，当我们在治疗药物和酒精依赖的人时，也必须同时治疗他们的父母及家庭。因为很多的物质和酒精依赖，事实上与心理创伤是共病。

1. 早期的创伤经历（例如儿童性虐待），会导致以后生活中，发生创伤的更多可能性。

2. 这些心理创伤的累积，会导致显著的创伤后应激和烦躁不安。

3. 这些痛苦感受，会导致心理创伤者滥用药物来"自我治疗"。

4. 药物滥用影响神经功能，导致受创伤者对环境觉察能力降低，由此，可能会卷入到危险的环境和行为中。

5. 这些事件又增加了额外的心理创伤和创伤后痛苦的可能性。

6. 增加了的痛苦，又不由自主地导致更多的药物滥用。

六、边缘性人格障碍

"妈妈又犯病了。"小丽想。

妈妈刚刚还在背后把小丽姨娘、姑母大骂了一顿，各种羞辱性词语、恶毒性词语，无所不用其极。

停了一会儿之后，妈妈又叫小丽去请邻居给姨娘、姑母家帮忙插秧。并告诉小丽，姨娘和姑母是他们家最近、最亲的亲戚，以后亲戚家有什么需要帮忙的，也一定要义不容辞。

边缘性人格障碍，是介于神经症和精神病之间的一种心理障碍。

边缘性人格患者经常对自己是谁不太确定。因此，他们的自我印象或者自我意识经常变换很快。常常觉得自己毫无价值、根本不好或者很坏。这种不稳定的自我印象，可能导致频繁地更换学习方向、工作、朋友、目标、价值观和性别意识。

边缘性人格患者缺乏目标和低自尊。很容易在愤怒、悲哀、羞耻、惊慌、恐惧与兴奋感、全能感之间摇摆不定。往往会被长期的、慢性的、弥散的空虚感和孤独感包围。

边缘性人格患者严重缺失被爱的体验、他人的关怀，所以非常害怕孤独和被人抛弃。对抛弃、分离异常敏感。当面对分离、被拒绝或即将失去时，会出现强烈的应激性反应。譬如，千方百计地避免分离，并有可能采取极端行为，如自伤、自残、自杀等来阻止被抛弃。

边缘性人格患者一方面期望被关怀、被照顾，另一方面又害怕亲密关系，内心冲突不断。控制情绪和耐受挫折的能力非常差，经常出现不计后果的冲动行为，情感爆发时会出现暴力攻击、自伤、自杀等行为，可能会伴随有冲动性的酗酒、挥霍、偷窃、药物滥用等。

根据最新版的《DSM-IV-TR》（即《精神疾病的诊断和统计手册》）的描述，边缘性人格障碍的主要症状如下：

1. 疯狂努力以避免真实或想象中的被放弃。

2. 不稳定且紧张的人际关系模式，特征为在过度理想化及否定其价值两个极端之间变换。

3. 认同障碍：自体形象（self image）或自体感受（sense of self）持续明显不稳定。

4. 至少两方面可能导致自我伤害的冲动行为。

5. 一再自杀的行为、姿态、威胁，或自伤行为。

6. 由于心情过度易于反应，情感表现不稳定。

7. 长期感到空虚。

8. 不合宜且强烈的愤怒，或对愤怒难以控制。

第四节　理论假设：身体不会忘记

一、创伤性记忆

创伤性记忆，很多时候被叫作侵入式记忆，或创伤的再体验。

创伤经历的再体验，无论被侵入的是记忆、梦境还是行动，伴随的情绪强度都正如创伤性事件发生时一样，受创伤者会持续地受到恐怖与痛苦的折磨。

这些情绪在本质上与一般的害怕、生气不同，它们不但超出一般情绪体验的界限，也超出了一般所能忍受的范围。

创伤性记忆是一种零零碎碎的回忆。创伤事件发生后，大脑对信息的处理有两种：一种是显性记忆（叙事性），主要储存在左半球，与信息的分析、连贯、程序有关，主要通过词语、符号进行操作；另一种是隐性记忆（感官性），主要储存在右半球，主要负责对来自杏仁核周围的感官、情感、动力性进行处理。

然而，在严重精神创伤发生以后，受创伤者左右半脑重要区域的功能会发生脱节：往日行之有效的信息处理过程，以及语言、符号等运行机制都会停滞下来。而那些负面的、凌乱的感觉和情绪以片段的形式被储存在了右半球。这些令受创伤者感到困惑、以各种方式再体验的信息片段，是他们在经历创伤之后，无法完整清晰地叙述创伤过程的神经生理学基础。

因此，很多受创伤者无法真实准确地描述自己的体验。创伤发生后的短时间内，很少有受创伤者会有叙事式的回忆。即使在最痛苦、也是最有可能寻求治疗性接触的时候，也依然有超过50%的当事人，无法完整、系统地讲述与创伤事件有关的故事。

二、创伤性记忆的形式

1. 记忆破损

碎片式记忆

红色、血腥、头发、桌角、拳头、双手，这些零零碎碎的记忆，一直在明的脑海中，当年到底发生了什么？

为什么妈妈死了？

为什么爸爸入狱了？

为什么我被送儿童福利院了？

创伤性记忆完全不同于令人愉悦或烦忧的普通记忆，普通记忆通常能够被加工成一个连贯一致的故事。

而创伤性记忆常常以片段式的记忆碎片形式出现，比如难以整合的感觉、情绪、影像、气味、味觉、想法等。再譬如，一次重大交通事故中的幸存者，当他在加油站加油，闻到汽油的味道时，突然被极度的心跳加速和不可阻挡的恐慌感所包围，拼命地想要逃离。

心因性失忆

那次大火之后，洁不仅失忆，还失语，不记得之前发生的任何事情。

洁一个人在异地漂泊，然后认识了现在的丈夫。

现在有人说是她以前的丈夫，她当然不会相信。

在经历了创伤事件后，受创者是否会记住那些可怕的经历？

事实上，很多人似乎对自己的过去，曾经经历过的创伤性体验一无所知，那一段可怕的经历似乎已经从他们的记忆中被完全抹去。

然而，这并不是真正的遗忘。由于人类心理的保护性机制，这些创伤性记忆被压抑到了意识层面以下，使人很难回忆起来。但是，这些记忆却在发挥着作用，影响着当事者的行为与情绪。而且，在很多年之后，它也有可能被唤醒。

2. 噩梦

茜的童年期好像经常做噩梦。

有时候是一个人在无人的怪石嶙峋中，有一个很深的无底洞，茜就一直往下掉，然后惊醒。

有时候是什么人在追茜，追到茜的腿跑不动了，然后惊醒。

又或者周围都是妖怪，要吃茜，茜害怕得躲到桌子底下，然后惊醒……

如果过去受过心理创伤，那么所做的梦，常常是噩梦。身边的人，可能会听到受创伤者在梦中急促的呼吸、号叫、哭泣，并且伴有一些肢体动作，随后被惊醒。

噩梦的内容，常常是被追赶、被砍杀、坠入深渊，或者是自己进入一个特别可怕、重复的一个密闭空间。**比如：**

在下楼梯，楼梯突然断了，底下变成一个悬崖……

到了一个密闭的地方，有个妖怪朝自己走来，门打不开，自己逃不出去……

在一个怪石嶙峋的山上，有一个深不见底的无底洞，你一直往下掉……

抗日战争中，你与鬼子搏斗，最后，鬼子拿着大刀向你刺来……

莫名其妙地到了阴司，周围到处都是妖魔鬼怪，没有一个熟人……

3. 闪回

刚才在早餐店，看到一个50多岁的妇女，在与店员吵架。

那个妇女有着和颖母亲一样的嗓门和语调，连口音都是惊人的相似。

颖一下子整个人都感觉不好了。

闪回就是过去的记忆闯入现在的生活中，并且使得过去的事情似乎就发生在此时此地（由玛丽·贝斯·威廉姆斯提出）。闪回可以作为一个即刻出现的轻微"信号"，或者是整个经历的记忆，就如同过去发生的那样在现在出现。

对闪回的体验可以有多种形式。有些人只是"感觉到"以前有过的创伤，而另一些人则好像真的回到了从前。闪回未必是一段完整的记忆，但它可以是一段反映过去经历的片段，比如说受虐的躯体感受，或者一种声音，或者某种香气的嗅觉感受，或者是强烈的危险感。

虽然真实的事件都已经过去，但是闪回可以在瞬间发生，是一种"就是现在，就在这里"的状态，所以，它带来的感受可以特别强烈，也可以令人十分恐惧。

闪回可能被许多不同的事情引发。比如某人的声音、以某种方式被触摸、某些东西引起的嗅觉和触觉、某种身体姿势、看到某个与施虐者相似的人、某些词句或某个地方……

发现你的闪回：(此方法由玛丽·贝斯·威廉姆斯提出，金尚进行了本土化改编)

回想一下，过去两周内你经历过的闪回，描述一下闪回和你的体验。

过去你曾有过类似的闪回吗？

如果有，什么时候、在什么情况下发生的？

闪回发生时有何种气味、感觉或声音？

涉及什么人？

4.虚假记忆

涵被送到医院的时候，被要求讲述发生了什么。

当涵向医生讲述了事情经过之后，涵的母亲又向医生讲述了另一个版本的故事。

到底哪个故事才是真的？

人的记忆有多可靠？

我们的创伤性记忆有可能是"虚假记忆"，也就是我们会把错误的回忆当成真实的事件。英国研究者认为，对于我们所有人，记忆的感觉和感受是正确的，但是，具体的细节和事件情况却会发生变形。

"记忆的感觉和感受是正确的"，但是，在某种程度上，我们都可能会有"虚假记忆"。比如一个孩子经历过一段令人恐惧的医疗过程，现在要宣泄这些负面的情绪，那么他可能就会在脑海中脑补一下，当初身体遭受医疗器械侵犯的画面。然后，这个孩子就可能捕捉到，那些已被自己暗示的信息，从而产生虚构的"闪回"，并把它确定为真实体验过的事情。

"虚假记忆"最有可能来自自我的心理暗示，比如这个孩子的故事。"虚假记忆"还可能来自他人的心理暗示：

如果一个我们所信赖的人，告诉我们这个事情确实发生过，那么这会变得更为可信。因此，一些受创伤者的"虚假记忆"，可能会与心理师有关，因为心理师重述了受创伤者在往事中的受虐经历。

创伤后心因性失忆，也支持了这个观点。从某种程度上讲，在创伤事件发生之后，对其没有记忆，正是一种"虚假记忆"。

越是对某种暗示深切的笃信，越是更有可能创造"虚假记忆"。越是回忆在医疗过程中受到的侵犯和虐待，"虚假记忆"就会变得越强烈。由此，我们不应强迫受创伤者短期内进行回忆，而应等待时间，慢慢让他们的记忆复苏。

从这些讨论中，我们可以看出，我们的记忆会出现空当或变形，但整体的情绪感觉是准确的。

记忆确实会出错，但这通常反映的只是不准确的记忆，而不是情绪的体验。想象一下，两个朋友一起度假，一年以后重新回顾度假的时光。其中一个可能说："哦？我记得好像是三年前的事了。"另一个说："不，我记得我们去的是博物馆。"记忆确实不会完全准确，但感觉和感受却是真的：我们一起度过了一段开心愉快的时光！

所以，记忆不是事无巨细，某些细节可能会变形或遗失，但是，我们对事件仍具有可靠的感知。比如，三岁前的婴幼儿不记得发生的所有事情，但是其是快乐还是悲伤，是生机勃勃还是死气沉沉，这些感觉和情绪，会深入到身体的每一个细胞，以及今后人生的情绪、行为中。

哪怕是到了三岁以后，孩子有了记忆，当父母或养育者否认，或抹杀虐待经历时，受创伤的人会对他们的经历感到十分不确定。

父母或养育者可能会说："那没有什么呀!""根本没有的事。""我没那样做过。""你撒谎。"那么孩子就会质疑自己对事件的记忆。

无论父母或养育者如何否认，受创伤者的感觉和感受却是真实的。比如恐慌、害怕、不敢关灯睡觉、强迫性地自伤自残、酒精成瘾、躯体疼痛、生不如死……

如果感觉、感受和养育者的叙述完全相反，受创伤的人可能会陷入精神分裂的境地。

三、如何应对创伤性记忆

1. 创建一个创伤时间线

取一张白纸，从左边边缘开始，用水平线画出你生命中每一件重大的事情。从你生命萌芽之前发生的任何重大事件都要记录：

你的母亲是否经历过重大的产前事件（流产经历、情绪状态、遭受虐待……）。

在时间线上方画出，任何发生在你生命中的重大事件（弟弟妹妹出生、搬家、上幼儿园的第一天……）。

婴儿期、幼儿期、学龄期、青春期、成年早期……

在时间线下方，记录发生在对你很重要的人身上的创伤事件。

你可以用灰暗、打结、断裂、弯折、波浪等描绘这件事情对你的影响程度。

完成这条创伤时间线，你感受到了什么？

2. 使用隐喻来描述创伤

可以把你的故事用隐喻的方式描述出来：

我是一个_____（任何一种动物、植物、事物），然后简单描述一下这个事物现在所处的状态。

一个主角为第三人称的隐喻故事。

一个用来描述让你受到伤害的人或事物的意象。

一幅胡乱涂鸦的画作，或在白纸上画有房、树、人的一幅画作。

一个由你创造的沙盘。

完成这个隐喻任务，你感受到了什么？

3. 建立双重意识

在发生与创伤有关的噩梦、记忆、闪回等的时候，告诉自己，那都是过去的事情了。现在你所处的环境，是安全和被保护的。你是安全的。

以下这个练习出自罗斯柴尔德的《身体记忆》，由金尚进行了本土化改编，给我们提供了一个从观察角度和体验角度审视创伤的工具：

回忆起最近一件让你悲伤的事情。

你的身体有什么变化？肌肉怎么样？内脏器官有什么感觉？你的呼吸怎么样？心率是加快，还是变慢了？你的身体发热，还是发冷？如果体温有所变化，你的身体各个部位的温度是同时变化，还是有所差别？

然后把你的意识拉回到你现在所处的房间。

注意一下墙壁的颜色、地毯的质地。房间的温度如何？在这里你闻到了什么？当你意识的焦点改变时，你的呼吸变化了吗？

现在尝试当你记起那些悲伤的事件时，把你的意识保留在当前环境中；当你记起那件事情时，将你的意识保留在当前你所处的环境中，能不能做到？

把你的意识集中在你当前的环境中，结束这次练习。

4. 离开你的脑海

这一方法是通过转移注意力，将你的注意力，从脑海中导向其他任何一个具体的事物。我们真正的注意力，一次只能集中在一个事物上。如果另外一个事件是中立的、令人愉快的，那么我们将无法同时注意之前那个不愉快的记忆。

以下这个练习出自海伦·肯纳利《治愈童年创伤》一书，由金尚进行了本土化改编：

你需要非常努力地将精神集中在你所在环境的某个东西上：比如窗帘，是哪种材质，纱布还是蕾丝？是微透的还是中透的？是暖色的还是冷色的？

随身携带一个有积极意义的物件，最好是可以紧紧握住、有某种气味的东西。当你处于痛苦记忆中时，气味和"紧握"能带你回到当下的现实。

想象一个安全的环境，无论何时，只要你想要宁静下来，你都可以到那里去。请丰富这个环境的布局、装饰、颜色、气味……让你的环境变得生动起来，你可以随时在里面闲庭信步。

创建一个回到当下的语句，比如："我是安全的。""我是被保护的。""无论如何，我挺过来了。""那都是过去的事情了。"……

5. 梦的工作

⊙ 有意识的梦

比如梦到后面有人追你，你就一直跑啊跑啊，你不知道是谁在追你，因为你根本没敢回头。

下次你在睡觉之前，进行积极想象，想象你拿着一根棒棒糖，想象追你的人是你儿时的一个小伙伴，想要找你要棒棒糖吃。你回头一看，原来是小伙伴，你把棒棒糖给他，你不害怕了，并和小伙伴一起聊了好一阵。

经过积极想象之后，你发现，在下次做类似的梦时，你真的手里有一根棒棒糖，你真的把速度放慢了，并且真的停下来看是谁在追你，然后真的发现是个熟人。

⊙ 修改你的梦

在睡觉之前，听／读一个美丽的童话故事，或进行一个幸福快乐的冥想。

因为童话故事很像梦境，有一个开头，然后引出情节，再来个转折，最后一个结尾；而冥想可以深入潜意识，改变你对某些事情的体验。

然后你会发现，你真的可以修改梦。本来是已经到了悬崖边，无处可去，忽然发现自己长出一对翅膀飞了起来，或者随身携带了一个降落伞……

6. 暴露疗法

在确保受创伤者有足够的安全感，并在专业人员的指导下，可以适当逐步地进行暴露疗法。

把你的创伤经历写成一个有开头、中间和结尾的故事，注意事情的前因后果，这将有助于分散与创伤有关的强烈情绪。

以下练习由梅琴鲍姆（1994）提出，金尚做了本土化的改编：

创伤事件什么时候发生的？

持续了多久？

整个故事，从开头到结束。

你所觉察到的一切有关场景和事件。

有关任何类似于你正在描述事件的更早期事件？

此刻你对事件对你影响的理解？

第二章

代际创伤五阶段疗法

　　这是我在原生家庭代际创伤的自我疗愈中，一步一步地总结出来的。我自从开始思考这个疗法，并运用到自身，到真真正正、完完全全地疗愈了自己，大概花了整整五年的时间。

　　在思考的过程中，我曾经多次仰首问苍天：求求您，给我指一条路；也曾在思路受阻的时候，翻阅过无数书山书海；或者，飞到哪个知名大咖座下参加工作坊。最终，得以修成正果。

第一节 第一阶段：重建安全感，虚拟爱之疗法

一、重建安全感：

心理创伤夺走了受创伤者的安全感，疗愈的第一步就是恢复受创伤者的安全感，即力量和主导权。这是最优先要解决的任务。若没有充分的安全感，其他任何治疗工作都无法进行。在达到适当的安全感之前，任何治疗工作都不应轻易尝试。

1. 恢复受创伤者的身体安全感。

在遭受了心理创伤后，受创伤者首先会觉得自己的身体不安全，紧张和焦虑的情绪、思维和行为的失控等。那么，首先就要安抚受创伤者的身体。可以试着运用冥想，让受创伤者调整呼吸、放松肌肉、舒缓神经；然后协助受创伤者调理好睡眠、饮食、行为等身体机能。

2. 恢复受创伤者的环境安全感。

给受创伤者创造一个安全的场所，这个场所中，只有他完全信任的人才能进入。这个场所是他所熟悉的房间、他最喜欢待的某一个地方、他经常去发泄情绪的海边……是哪儿都不重要，重要的是，这个场所能给他足够的保护感和安全感。在这里，他无论是沉思，或是躺着，或是发泄，或是做一项活动，都不会有人来干涉他。

3. 恢复受创伤者的人际安全感。

之后，就可以慢慢恢复受创伤者的人际安全感。

人类的安全感，首先来自爱，而且是母婴关系中的爱。母婴关系中的"母"，不一定专指母亲，可代指承担了母亲责任的养育者。然而，原生家庭中的很多心理创伤，往往就是养育者所带来的，这就成了一个悖论。

有些小孩，在受到危险和痛苦的时候，会下意识地喊"妈妈救命"，可是却忽然意识到，妈妈正是那个给他带来危险和痛苦的人，所以只好惊恐地捂住了嘴巴。

以下练习出自《创伤后应激障碍自助手册》（玛丽·贝斯·威廉姆斯），由金尚进行了本土化的改编。

当你一个人时，什么使你感到身体上安全？

当你与他人在一起时，什么使你感到身体上安全？

你的环境安全吗？你的家安全吗？

什么时候你感到最安全？

什么地方你感到最安全？

与你在一起的人安全吗？

一般情况下，你是如何保护自己的？

你的自我保护能力怎么样？

当你与不安全的人在一起时，你会怎样保护自己？

二、爱是生理需求

1. 爱是依恋、是抚触、是拥抱

哈洛把刚出生的小猴放进笼子，然后放进去两个假母猴。一个假的母猴是用铁丝做的，胸前挂着一个奶瓶，24 小时提供奶水。另一个假的母猴是用绒布做的，摸起来非常柔软和舒适。

所有参与实验的小猴，几乎在所有时间里，都依偎到绒布妈妈身边。小猴只有在饥饿难耐时，才会跑到铁丝妈妈那里喝奶。但小猴只要一吃饱，就会马上回到绒布妈妈怀里。

2. 爱是安全感、是陪伴

哈洛把一些非常恐怖的大蜘蛛、老鼠、蟑螂玩具，放到小猴们的笼子里，小猴害怕极了，立即跑去依偎在妈妈怀里，才慢慢地安静下来。

哈洛把绒布妈妈转移到另一个笼子，继续用恐怖玩具吓小猴。小猴更加害怕了。但即便再害怕，它们也不会奔向铁丝妈妈，而是眼巴巴地望着另一个笼子的绒布妈妈。如果看不到绒布妈妈，小猴子就会蹲在地上、团成一团、战栗、吃手指、摇摆、尖叫……像极了精神病院里的病人。

3. 缺爱的孩子有情绪障碍

这批不是由真猴，而是由绒布妈妈养育的小猴子，长大后出现了一系列的问题：

当哈洛把这些猴子，放到正常的猴群中后，它们几乎无法与其他猴子相处。这些猴子孤僻、自闭、抑郁、敏感，对周围的一切怀有敌意。有的还出现了互相残杀、相互攻击或自伤、自残，并且不能和其他猴子在一起相处和玩耍。

4. 缺爱的孩子会虐待下一代

这批缺爱的猴子，成年后，没有繁殖的欲望和行为。在被"强暴"怀孕后的这 20 只母猴中，有 7 只脐带剪断后便不再理睬孩子，有 8 只经常暴力殴打和虐待孩子，有 4 只更是残忍地杀死了孩子，只有 1 只笨拙地尝试给孩子喂奶。

结论：母亲养大一个孩子，主要的贡献是她们的关怀、支持、拥抱、接触、安全、依恋和身体力行的教育和影响。

恒河猴的实验结束后，哈洛说："没有爱，人活不久。"后来有关研究者提出，如果养育者不给予婴孩关注、关怀、抚触、拥抱等爱的语言，单单只是给婴儿吃饱的话，婴孩活不过 90 天。

金尚总结：爱是生理需求。

三、虚拟爱之疗法

我们都知道，医院里在给病人开刀做手术，取肿瘤或囊肿之前，首先要给病人做体检，以确保这个病人的身体能经受得住这一场手术，因为开刀本身也是一种创伤。如果病人的身体太虚弱，暂时不能承受手术，就要先给身体补充营养，增强免疫力，增强体质，然后才能开始治疗。

心理疗愈也是一样的，有严重心理创伤的人，其受伤的根源往往来自问题家庭、问题父母。这些没得到过真正的父母之爱滋养的人，其虚弱的自体，往往难以承受直面真相的心理分析。若是直接进行心理分析，让他们接受一个血淋淋的"父母没有爱过自己"的事实，无异于在他们的心脏上狠狠地插上一刀，有可能直接就没有了活下去的勇气。

真相？什么是真相？人类的记忆本来就会因为情绪而变形、扭

曲，每个人储存在脑海中的某段记忆，也不是当时真正的情形。当时真正的情形是什么样的？谁也不知道。同时经历了某个事件的当事人，描述起某件事，也可能会是几个不同的版本。在每个人信念和想法不同的情况下，他们所回忆起来的同一件事情，也会是不一样的。

举个例子：

姐姐放学后回到家，看到弟弟在吃红烧肉，而自己的碗里却只有白米饭和咸菜，便气鼓鼓地回了房间。

姐姐回忆："看到弟弟有肉吃，我没有肉吃，很伤心，就默默地回房间抹眼泪。"

弟弟回忆："那天姐姐回来，都不抱我就去了自己房间，大概姐姐不喜欢我吧？"

妈妈回忆："那天小妮子没考好，回来后连饭都没吃，就气鼓鼓地去了房间。"

再举个例子：

姐姐放学后回到家，看到弟弟在吃红烧肉，而自己的碗里却只有白米饭和咸菜，便气鼓鼓地回了房间。

疗愈前姐姐回忆："看到弟弟有肉吃，我没有肉吃，痛苦到极致，我觉得妈妈根本不爱我。"

疗愈后姐姐回忆："妈妈很爱我，怕弟弟抢肉吃，每次都把肉埋在饭里，留给我放学后再吃。"

所以说，信念创造实相，信念改变实相，那么信念也就可以疗愈心理创伤。如果我们用催眠的方法，给自己重新书写一个充满爱和温情的记忆，让自己确信这是真的，那么我们的人生会发生非常大的改变。

一个人的一生，如果固执地觉得自己的生命是在仇恨中诞生，在痛苦中长大的，那么，他的一生，就将会是痛苦、焦虑、抑郁的一生，女性多伴发焦虑抑郁，男性则多伴发犯罪行为。

而一个人的一生，如果坚信自己的生命是在爱中诞生，在爱中成长的，那么，他的一生，也将会是幸福快乐、欢天喜地的，能够得到相对理想的工作，能寻觅到相对理想的伴侣，过着相对美满的生活。

虚拟爱之疗法，就是这样一种技术，在病人还没有足够强大的自体去承受人生真相的时候，给自体注入一些能量和生命力。

现在国际上有一种非常先进的疗法，叫 VR 虚拟疗法，就是通过设定程序，戴上一个 4D 的 VR 眼镜，身临其境地重新过一遍童年，或重新经历一遍当初的那个创伤事件。在这个过程中，把一个有创伤的故事，替换成一个充满爱和温情的故事。因为通过 VR 技术，体验者能够身临其境，有非常真切的感觉，就犹如真实地发生过一样。这些充满了爱与温情的记忆，使得大脑中关于创伤的记忆慢慢地发生改变，体验者的心理创伤也就渐渐疗愈了。

现实中，我们没有这么先进的设备，但是心理咨询可以达成同样的目的。具体的可以根据实际情况，有选择地使用李明博士的叙事疗法、宗像恒次的 SAT 构造化联想技术、时间线催眠。

如果是不太严重的心理创伤，使用叙事疗法就可以达成疗愈目的。咨询师引导来访者寻找成长过程中那些充满爱和温情的亮点，并且把这些充满爱和温情的亮点串起来，形成一个新的故事。

如果是稍微严重一点儿的心理创伤，就需要用到宗像恒次教授的 SAT 构造化联想技术。其实，SAT 构造化联想技术的实质，就是催眠。通过催眠重新创建一个充满爱和温情的人生成长故事。因为是催眠重建的故事，来访者有非常真切的感觉，就像是真的经历过一样。就这样改变了来访者的潜意识，也就疗愈了来访者的伤痛。

如果是经叙事疗法和 SAT 疗法，还是没能重新建立一个爱的故事，那就要用到时间线催眠。运用时间线催眠让时光倒流，直接把创伤记忆扔掉，替换成充满爱和温情的记忆。

"虚拟爱之疗法"的基本操作内容如下：

1. 重启胎内的记忆

为了满足三种爱的需求，消除创伤记忆，我们需要建立一个这样的印象：你是父母爱情的结晶，你在父母的无限爱的期待中来到这个世界。

能够拥有你，我们真的很开心，我们深爱着你！

无论你是什么样子，我们都爱你，一定要平安的诞生啊！

在你诞生的过程中，也许会经历一些困难与艰辛。爸爸妈妈一定会尽全力帮助你的！

如果在胎内，你收到了这样的爱的信息，那么你一定会从内心升起无穷的力量去面对生活，你的人生精神支柱也会变得无比强大。

2. 改写父母的故事

在你把不被父母所爱的伤心记忆换成被爱的印象之前，必须构筑一个父母自身也被各自的父母深深爱着，并在他们的疼爱下抚养长大的故事印象。根据个别情况，甚至有必要追溯到其祖父母、曾祖父母的时代，他们自身也被深深地爱着，在备受关怀疼爱的环境下幸福成长的故事印象。

如果，那时候你的父母……

如果，那时候你的父母，是前世修来的姻缘、在今世结成的世界上最完美恩爱的夫妻，他们期待了很久，终于生下的这个孩子就是你……

你会不会产生很幸福的感觉，进而迸发出更多生活的力量……

3. 自我生命的重建

假定从 100 代以前，你的祖先就一代代地传递着爱。假定你现在有足够好的经济条件，你可以去做你感兴趣的、想要尝试的事情。那么你的感觉怎样？你开心吗？放松吗？幸福吗？充满活力吗？

首先，在脑海中勾画出一个得到了曾祖父母、祖父母、父母的无条件的世代相传的爱和守护的情景。

然后，描绘出三种爱的需求被充分满足后，你尽情发挥着自身潜力的未来自己的身影，有着充分的自信，以及爱和喜悦的表情。

最后，为了成为未来的真自我，从现在开始，你应该采取怎样的行动？

四、爱与不爱都是爱

人类为了被爱而诞生，为了爱自己而成长，为了爱他人而生存。

在对爱有了一个基本的坚定信念之后，心理咨询师再通过释义、修通的方法，让来访者理解大自然爱着每一个人，宇宙爱着每一个人，家族潜意识爱着每一个人，人类集体潜意识爱着每一个人。当一个人内心里充满爱与被爱的感觉之后，自体就会真正地增强了。

1. 大自然之爱

我们有理由相信，组成我们生命的成分，不只是有父母的精卵，还有阳光、空气、水分，日月星辰，草木山川。是神秘的大自然，是万能的造物主，赋予了我们生命。这些可以称得上是我们的另一对父母。我们之所以能够活下来，一定是得到过爱的。

我们每一个人所吃的、所饮的、所穿的、所用的、所住的，都来源于大自然。大自然怀着对每一个生命的敬畏，构成了有序和无序的生物的食物链和生态链。大自然爱着每一个生灵，而每一个生灵又把这一份爱带给了我们人类。

我们一定要坚信，在这个世界上，我们的另一对父母——天为父，地为母，或者也可以称为上帝，一定是深深地爱过我们。每一个人都是大自然的孩子，都是上帝的孩子。我们之所以能活到今天，那么一定是得到过父母的爱的。

而且，在我们成长的过程中，关爱过我们的人，也并不是只有父母。而是还有其他养育者，比如爷爷奶奶、外公外婆、姑妈姨妈、舅父姑父、邻居亲戚、老师、叔叔阿姨等，这些长者有可能在某种程度上充当了父母的角色和职责。不管从哪一方面来讲，我们都是得到过爱的。

2. 宇宙之爱

让我们回到宇宙诞生的137亿年前，宇宙开始大爆发，金黄色的光芒射向四面八方，基本粒子激烈碰撞，形成无数的原子核、原子、分子等物质，产生了无数的星星与银河。

根据计算机模仿实验，宇宙由无数个无法测量的基本粒子构成，这些基本粒子有四种颜色：粉色、橙色、奶油色、金黄色。而这四种颜色都是属于爱的颜色。

组成现在的你的一个个粒子，在137亿年前就置身于一个被许多星星和银河的光芒守护的宇宙。这些星星和银河的光芒，根据计算机的模仿实验证明，也有四种颜色，粉色、橙色、奶油色、金黄色，而这四种颜色也都是爱的颜色。

由此可见，宇宙爱着每一个生命、爱着每一个生灵。

对于人类来说，维持生命最重要的物质是什么呢？是呼吸。我们有足够的理由相信，宇宙给了我们每一个人足够呼吸的空气，那么我们就要相信，宇宙也相应地给了我们足够的爱的能量。宇宙是爱我们每一个人的。

3. 集体潜意识之爱

我们看到过太多的父母不爱子女的残酷现实，有虐待孩子导致孩子死亡的，有杀死自己孩子的，有控制成魔把孩子逼得自杀的……太多太多了，在百度上能搜索出无数个案例。

一个受过父母伤害的成年人，回想起幼年时受到的伤害，如果想到的是"父母从来没有爱过我"，这一份凄凉和悲伤马上从心底升起。同时会觉得自己的生命毫无意义，人生虚无感升起，抑郁、痛苦、悲伤相继而来。

一个受过父母伤害的成年人，回想起幼年时受到的伤害，如果想到的是"父母可能在表象上不爱我，但是人类集体潜意识一定是爱我的"，那么就会从心底里升起一种温暖和幸福的感觉。同时会从内心升起一股生命的正能量，相信自己一定可以活得开心，活得精彩。

我相信，在人类的社会潜意识、集体潜意识里一定是爱子女的。

在人类生命之初的 90 天内，必须要有爱的滋润。没有人类的爱，新生儿是活不下去的。你之所以能活到现在，那么一定是得到过爱的。

这份社会潜意识、集体潜意识的爱，父母不一定能意识到，子女更是不一定能意识到。因为这个社会形形色色的父母都有，有些父母确实虐待子女已经到了丧心病狂的地步。

我相信，所有的父母在怀上孩子和生下孩子之后，在社会潜意识、集体潜意识的层面上，都希望子女活得比自己好。虽然父母不一定能够意识到并给予承认。

反向证明：如果不是的话，人类就会越来越落后，最终回到原始社会，去山洞里居住。

五、冥想 | 催眠①：重启胎内的记忆

（SAT 催眠　创始人宗像恒次）

（一）胎内印象重现

尽管胎儿期的记忆会随着成长而变得模糊，即使回忆也无从想起，然而通过这种方法却可以使当时的记忆重现。

1. 如果你是被父母无条件地爱着和守护着成长的，一直以来也能够充分满足被人爱、爱自己、爱他人的三种心理需求。那么，你理想中的真自我是什么样的呢？

请写出你能达到理想中的真自我的信心及程度。

项目	信心（%）	程度（%）
充满信心的自己		
幸福快乐的自己		
开朗乐观的自己		
有积极生活态度的自己		
能表达真实想法的自己		
其他（　　　　　）		

2.（遮光、闭眼）是什么阻碍你成为理想中的真自我？

下面请闭上眼睛，在脑海中描绘一下这个障碍的颜色和形状，以及你身体的感觉？

颜色	红色、黑色、灰色、紫色、褐色……
形状	模糊不清的、轻飘飘的、尖尖的、球状、四角形……
身体症状	头被勒紧、肩膀酸痛、心怦怦跳、胸闷、呼吸困难、手脚冰凉……

3. 请想象你在羊水中，像泡在浴缸里一样的那种漂浮感。

你的周围被子宫壁包围着，你低下头能看到自己的脐带和母亲的胎盘相连接。

用皮肤去感受一下羊水的温度，是什么样的感觉？	冷的、烫的、温暖的……
请做个喝一口羊水的动作。是什么味道？	甜的、咸的、苦的、淡的……
请想象你的两手贴着子宫壁，并抚摸它。是什么感觉？	拥挤的、紧缩的、太远了、太硬啦……
胎内的颜色及亮度是什么感觉？	黑暗的、耀眼的、光明的……

整个身体是什么感觉？有没有疼痛或是不舒服的地方？	呼吸困难、身体僵硬、头皮发紧……

（二）改变胎内印象

请闭上眼睛，想象自己在下楼梯，一共有 10 个台阶，10、9、8、7、6……0。现在你是否感到眼皮有些沉重？让我们接着再下一次台阶：10、9、8、7、9……0。

200 年后你还能活着吗？应该已经不在人世了。人是由 10^{29} 个原子组成，人死后会回归成分子、原子、电子、光子等基本粒子形态。请你想象当肉体燃烧，你变成基本粒子，被温暖的光芒守候，穿越云层飘向宇宙的映像。假定你的速度比光速还要快，在这次宇宙之旅中，你甚至可以回到宇宙起源的时间。

那么，让我们回到宇宙诞生的 137 亿年前。为了找到真自我，从宇宙大爆发开始，一直到构成你自己的原子出现时，请你重新制作一个美好的宇宙映像。现在开始回溯。

宇宙开始大爆发，金黄色的光芒射向四面八方，基本粒子激烈碰撞，组成、形成无数的原子核、原子、分子、物质，产生了无数的星星与银河。

在有无数个星星闪烁光芒的时候，你的基本粒子曾属于哪一颗星星？位于中间还是两端？现在请你进入这颗星星，你的周围散发着什么样的光？作为小粒子的你也在发光吗？

1. 根据计算机模仿实验，宇宙由无数个无法测量的基本粒子构成，这些基本粒子有以下 4 种颜色。如果让你在这 4 种颜色中选择，你会喜欢哪一种或哪几种颜色的粒子呢？

粉色、橙色、奶油色、金黄色，可多选。

2.你希望你的粒子周围有着怎样的暖色系光芒来守护你？

金黄色、黄色、奶黄色、橙色、粉色，可多选。

3.接下来，请联想起刚刚制作出来的宇宙映像。你的粒子置身于一个被许多星星的光芒守护着的宇宙，它们充满了爱和喜悦，闪耀着温暖的粉色、橙色、奶油色、金黄色。当你置身于这样一个宇宙中时，你自己的粒子发生了怎样的变化呢？

闪闪发光、温暖、充满能量、有规律的运动、精力充沛、充满爱和喜悦、其他。

4.当你想起这个场景时，马上切换到胎内，这时胎内的亮度、温度、颜色、子宫壁状态、身体感觉等有怎样的变化呢？胎内明亮吗？温暖吗？颜色是粉色、奶油色、金黄色吗？子宫壁柔软吗？身为胎儿的你，身体感觉如何，舒服吗？

胎内印象	温暖、明亮、宽敞、柔软、舒适、感到安心、精力充沛、幸福、其他

5.当你从那个理想的胎中诞生，来到这个世界，是谁？用怎样的表情来迎接你的到来？他／她对你说了些什么？

(1)首先去感受一下母亲：浮现在你眼前的她是怎样的面部表情？瞬间浮现出的母亲的表情是充满笑容、稳重、可依靠、积极向上、愉快、开朗、精力充沛、和蔼可亲的吗？请把母亲的良好印象深深地印在脑海里。

(2)接下来感受一下父亲，浮现在你眼前的他是怎样的面部表情？瞬间浮现出的父亲的表情是充满笑容、稳重、可依靠、积极向上、愉快、开朗、精力充沛、和蔼可亲的吗？请把父亲的良好印象深深地印在脑海里。

（3）如果有其他重要的养育者，他们的表情又是怎样的？瞬间浮现出的养育者的表情是充满笑容、稳重、可依靠、积极向上、愉快、开朗、精力充沛、和蔼可亲的吗？请把养育者的良好印象深深地印在脑海里。

母亲	笑脸、稳重、可依靠、积极向上、愉快、开朗、精力充沛、和蔼可亲、爱和喜悦
父亲	笑脸、稳重、可依靠、积极向上、愉快、开朗、精力充沛、和蔼可亲、爱和喜悦
其他养育者	笑脸、稳重、可依靠、积极向上、愉快、开朗、精力充沛、和蔼可亲、爱和喜悦

6. 在这样的父母养育者的表情下，当你想象着重新回到胎内时，胎内变成什么样子了呢？

温暖、明亮、宽敞、柔软、舒适、感到安心、精力充沛、幸福快乐、喜悦、愉快、其他。

7. 在这个命定之人的陪伴下，你度过了幼儿期、少儿期、青春期，成为成年人，你会成长为怎样的人呢？

绝对不要思考，根据你眼前闪现的未来自己的容貌、服饰，描述一下你的性格和气质。开朗吗？温柔吗？微笑吗？沉稳吗？自信吗？凛然吗？有风度吗？或者其他自我映像。你闪现出来的自我映像，就是你真自我的样子。

开朗吗？温柔吗？微笑吗？沉稳吗？自信吗？凛然吗？有风度吗？……

8. 现在开始数数，数到 10 的时候，我会拍手，那时请你将眼睛睁开，然后做放松一下 1、2、3、4、5……10，放松……

请将刚刚看到的真自我的印象画在／描述在下面的表格中，并且牢牢地记住这个印象：

随身携带笔记本	
设置成手机的待机画面	
设置成电脑桌面背景	
放在记事本里	
塑封之后放在背包里	
其他	

六、冥想｜催眠②：改写父母的故事

（SAT 催眠　创始人宗像恒次）

1. 如果你是被父母无条件地爱着和守护着成长的，一直以来也能够充分满足被人爱、爱自己、爱他人的三种心理需求。那么，你理想中的真自我是什么样的？成为这样理想的真自我，你的信心有多少（%）？

2. 为了成为这样理想的真自我，从想象层面来讲，你希望你的父母从小怎样养育你？

在脑海中勾画出一个小时候感到很满足、对自己充满信心、表情熠熠生辉的画面。

3. 妈妈必须具备怎样的性格和气质特点，才能够按照你所希望的方式养育你？

在脑海中想象具体的养育画面，勾画出一个充满自信、闪耀着爱和母性光辉的好妈妈形象。

4. 如果妈妈具备这样的性格和气质特点，那么祖父母是怎样从小养育妈妈的？

在脑海中勾画出一个祖父母养育妈妈的理想画面。

5. 爸爸拥有怎样的性格和气质特点，才能够按照你所希望的方式养育你？

在脑海中想象具体的养育画面，勾画出一个充满自信、闪耀着爱和父性光辉的好爸爸形象。

6. 如果爸爸具备这样的性格和气质特点，那么祖父母是怎样从小养育爸爸的？

在脑海中勾画出一个祖父母养育爸爸的理想画面。

7. 你的父亲和母亲有没有得到祖父母的关怀和疼爱？

想象祖父母把爸爸或妈妈搂在怀里，一边给他们唱着童谣／讲着童话故事，一边哄他们入睡的情景。接下来想象小学放学回家后，祖父／祖母关心地问："今天在学校过得怎么样？"然后耐心地听爸爸妈妈说话并给他们回应的情景。这时，爸爸妈妈是怎样的表情？当他们是这样美好的表情时，你现在感觉怎么样？

8. 当你的父亲和母亲在遇到真正的困难时，祖父母有没有全力地守护他们？

请想起爸爸或妈妈遇到困难不知所措时的情景，在脑海中勾画出一个祖父母全力守护他们的具体映像。这时，爸爸和妈妈是怎样的表情？当他们是这样美好的表情时，你现在感觉怎么样？

9．你的情况怎么样，有没有得到父母充分的疼爱和关怀？

想象爸爸妈妈把你搂在怀里，一边给你唱着童谣／讲着童话故事，一边哄你入睡的情景。接下来再想象小学放学回家后，爸爸／妈妈关心地问："今天在学校过得怎么样？"然后耐心地听你说话并给你回应的情景。现在你感觉怎么样？

10．当你在遇到真正的困难时，爸爸和妈妈有没有全力地守护你？

请想起你遇到困难不知所措时的情景，在脑海中勾画出一个父母全力守护你的具体映像。现在你感觉怎么样？

11．如果你是由改变印象后的父母养育长大的，你觉得自己会成长为怎样的自己？面对这个自己你感受到怎样的心情？

12．那么，从今往后，你想成为怎样的自己？

13．最后，请回到现实中的自己，哪怕是一步、两步也好，为了真正接近那个理想中的真自我，从今往后你应该采取怎样的行动？

七、冥想｜催眠③：自我生命的重建

（SAT 催眠　创始人宗像恒次）

1．假定从 100 代以前你的祖先就开始得到父母的关爱，并且把爱世代相传，你的父母也因得到祖父母无条件的爱，过着他们感到满意的人生。

假定你有非常强大的经济支撑，几乎能无限制地照顾到你生活的方方面面。

那从此以后，你想去尝试的、有趣的事、放松的事、幸福的事以及能打起精神的事情分别是什么呢？关键在于用非现实思考。首先想出第一年的事。

想去尝试的、有趣的事、放松的事、幸福的事以及能打起精神的事情分别是什么呢？

2．请抛开现实，把你在这一年的春、夏、秋、冬之中具体做这件事的情景，像放电影一样在脑海中放映一遍。完成后请睁开眼睛，感觉如何？

在描绘的未来自我映像中，你开心吗？放松吗？幸福吗？充满活力吗？

3．这样的生活需要几年才会让你感到彻底满足？然后闭上眼睛将每一年按照四季变化，在脑中形成具体的映像。完成之后请睁开眼睛。

你描绘了什么样的映像？现在是什么心情？是否感到彻底的满足？如果不是的话，还需要持续多少年？

4．再次假定你有足够的经济支撑。为了给自己增加信心，你可以继续学习或者参加某项挑战。闭上眼睛在脑海中形成具体的映像。完成之后请睁开眼睛。

你都做了一些什么事情呢？是否获得了自信？为了成为自信心充足的人还需要几年的时间？追加你直觉感到需要的年数，并在脑海中将这些年份发生的事情"映像化"。

如果无论如何都无法去挑战的话，请注意：你心中存有断念（丧）。请在假设让你消除了断念（丧）之后再进行。

5．完成这些之后，你成了一个怎样的人？闭上眼睛，请描述一下你闪现的自我形象（面部表情、举止神态、人格气质、情绪情感等）。这便是你的真自我所具有的特征。

6. 用这个充满自信与活力的自己来看现在的自己，你看到怎样的自己？二者的区别在哪里？

7. 为了接近未来的真自我，往后应该做怎样的自己？

乐观积极的自己
能坦率地表达自己的想法和心情的自己
冷静的自己
对生活有信心的自己
开朗的自己
其他

8. 为了实现未来的真自我，请将你觉得自己能够做到的画上 #。认为有必要但是感觉自己做不到的画上○。为了做到这些○，请回答你脑海中直觉闪现出来的切实可行的细化措施。

把消极的情绪暂且放下，观察一段时间以后再决定
找个人倾吐心声
设法让自己保持平静和心情舒畅
离开极端的环境
与合得来，能够彼此信赖的人来往
告诉对方自己的感受，自己的想法通过"我认为"的方式表达
对周围的强烈反应不要马上做出回应，冷静地处理
不要过分拘泥于小事

不用顾虑太多，重视自己直觉的闪现，不管怎样，先做做看再说
不要完全按照自己的标准来要求对方
在某些场合，能够把别人的话"打折扣"听
感谢并且能够向周围的人传达你的谢意
不要认为别人都和自己是相同的气质类型，对不同气质的人选择不同的对待方式
不要固执己见
不能理解或者不能协调一致时，保持中立的态度
通过发信息、传递小纸条等形式向对方传达自己的想法
在人际交往中有意识地保持一定的距离
不喜欢的事情要果断拒绝
凡事不要只是一个人应对，必要时求得周围的协助
分清楚能做到和不能做到的事情
做自己喜欢的、能让自己开心的事情
做自己想做的事情
认真倾听别人的意见
想到的事情不要马上实行，与他人商量，检讨可行性
扩大自己的交际圈，与各类人交流
其他

9. 如果上面所有的目标行动都能得到落实，请想象 5 年之后你会变成怎样的自己？

5 年之后，你的自信心是多少？ （%）

如果没有达到 80%，还需要再过多少年才行？

八、冥想 | 催眠④：让过往时光倒流

（时间线催眠）

现在，把你的身体调整到最舒服的姿势。

请将眼睛闭起来，眼睛一闭起来，你就开始放松。

注意你的感觉，让你的心灵像扫描仪一样，慢慢地，从头到脚扫描一遍，你的心灵扫描到哪里，哪里就放松下来。

请告诉我，你的过去在你身体的哪个方向？你的未来在你身体的哪个方向？

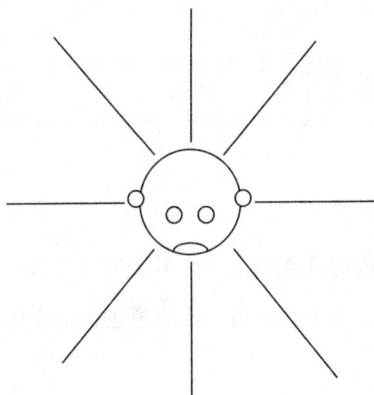

如果你的过去和将来，会以某种线条的方式连接在一起，请你形容一下，那是一条怎样的线？

感觉一下，你现在正处于的位置。

你坐在这间宽敞的大屋子里，你的身体开始向上轻轻地腾飞起来。

你离开你的座椅，浮在半空中。你晶莹通透的身子穿过了建筑物的屋顶。你头顶着蓝天向上飘浮着。你的双臂向两侧尽量地伸展着。整个东方在你的脚下。整个亚洲在你的脚下。你向上飘浮着。

太平洋在你的脚下。整个地球在你的脚下。

继续深深地呼吸……缓缓地呼吸……

你轻轻地飘浮到整条时间线的上方，然后看着身体下方的时间线，看一看，是否有断裂，是否有打结，是否有暗点，是否有弯折。想象一下，这个时候你是几岁。

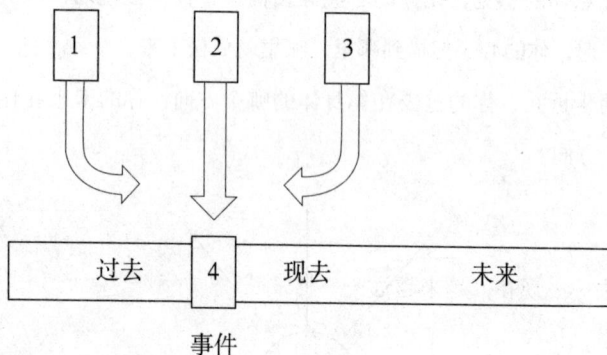

事件

告诉我，你现在是什么样的感觉。

继续飘在过去时间线的上方，看着刚才找到的断裂、打结、暗点或弯折。当时发生了什么事，你愿意去面对它吗？事件的当事人是谁？

想象那件事情的当事人就站在你的面前，你可以向他（她）诉说自己的心理委屈，表达愤怒情绪。

尽情地表达自己的委屈，表达自己的愤怒。

然后融入对方的心灵，去体会对方的想法。

对于时间线上的断裂，我给你一瓶神奇的魔力胶水，能够将时间线的断裂处重接、复合，甚至修复得天衣无缝。

对于时间线上的打结，我给你一把神奇的魔力钥匙，可以打开这个结，使其恢复如初。

对于时间线上的暗点，我给你一道神奇的魔力之光，可以把这个暗点照亮，恢复如初。

对于时间线上的弯折，我给你一个神奇的魔力电熨斗，经它熨过的时间线，平整而美丽。

深深地呼吸……缓缓地呼吸……

再次飘浮到时间线的上方，现在，你是否还有不愉快的记忆。有，那么，请把这些你不喜欢的记忆从时间线中取出，锁定，备好，装入罐子里。我是说这一段不愉快的记忆。

从时间线中取出来，放在面前，然后向太空抛出去，远远地抛出去……现在，越来越远……越来越远……越来越远……越来越远……渐渐看不清了……直到飞进太阳里，在那里焚化，消失了。

现在，你的时间线中原来记忆的位置上，有了一个空位，然后，创造一段新的记忆，一段让你感觉很棒的记忆，一个你特别喜欢的记忆。现在，我请你把这段新记忆放入时间线中的空位上。非常好……

当你做完了，花多久时间都没关系。做完后，飘浮在你的时间线上方，现在，你的感觉，是不是很棒？

深深地呼吸……缓缓地呼吸……

你感觉心情非常的轻松和愉悦。

现在，你面向未来的时间线，一道金色的光照耀着未来的时间线，未来时间线变得非常宽阔，像一条金光大道……

你的内心升起了快乐和自信的感觉，升起了无穷的力量感……

你飞奔在宽阔的时间线上，越跑越快，越跑越有信心，越跑越有力量，一直飞向未来的终点……

好的，现在从未来的终点，回到现在的点，展望从现在到未来这段时间线上，自身所创造的辉煌成就，所看到的美好画面。

最后定格在自己最满意、最期待的一个画面，放大，再放大，让画面感变得高度清晰，深深地印入脑海，成为你今后的人生目标。

现在，继续深呼吸，尽情吸收幸福和快乐的能量，吸收金光大道的能量，你的身体会越来越健康，你的内心会越来越平静安详，你觉得自己越来越有信心面对所有的事情，你有能力做好任何你想做的事情……

你会一天比一天更好……

当我从五倒数到一的时候，你将会睁开眼睛，然后完全清醒，感觉舒服无比……

五，慢慢醒来，觉得身心都很舒服……

四，如沐春风的感觉……

三，内心平静、安详……

二，觉得全身充满了力量……

一，感觉真棒，世界因为有了你，而感到不同！

当然，只是自体的增强，是不可能真正疗愈的。真正的疗愈还要来自很多心理学家所说的，接受真相，看见真相。接受自己前半生悲惨的人生真相，哀悼失落的童年，哀悼幻想中的父母，哀悼曾经的假自我。只有完成这一完整的哀悼仪式，才能够真真正正地疗愈，拥有一个崭新的人生，走向美好的未来。

第二节 第二阶段：哀悼失落的童年，臣服当下

一、哀悼失落的童年

在对爱有了一个坚定的信仰之后，我们就可以正视一个鲜血淋漓的现实，直面一个惨淡的人生：当年到底发生了什么。

这样做有什么好处呢，这其实是一个对悲伤的哀悼。

哀悼，是在经历丧失之后引起的一种心理过程，其本质是在某种程度上对某人（某事）情感投资的收回，并且可能准备好，要与新的个体建立关系。

面对丧失，我们会悲伤、会痛苦，也许还会对造成我们丧失的人或事抱怨或愤恨。

但这些都不足以修复我们内心的创伤。要修复这一丧失带来的伤痛，必须要经历一个完整的哀悼。

男孩羽3岁的时候，母亲去世了。当时家人怕孩子太小，不知道死亡是怎么回事，怕吓着孩子，就没告诉孩子，也没让羽参加葬礼。但是，整个家庭沉浸在悲伤的压抑气氛中，男孩羽想妈妈的时候也找不到妈妈。

家里气氛怪怪的，小小的羽不敢哭也不敢闹，大家和他说话都

小心翼翼的。虽然羽还没有记忆，但从此以后，羽再也不会笑了，也不再活泼可爱了。羽很少说话，就一天到晚地摆弄着自己的玩具，也不出去找小朋友玩。

这种现象持续了很多年。

那些未经历过完整哀悼，或者连一丁点儿哀悼仪式都没有参加过的人，通常会经历漫长而痛苦的抑郁和悲伤，甚至一生都笼罩在灰色暗淡的基调中，得不到解脱。

与之相反，那些能够经历完整丧失仪式和完整哀悼过程的人，却能够更快更好地从丧失中恢复伤痛、振作精神、鼓起勇气，积极乐观地面对生活，拥有一个阳光向上的人生。

从心理学上讲，不完整的哀悼会损害丧失者开始及维持亲密关系的能力，并影响规划自己余生生活和工作的能力。著名心理学家武志红说过，哀悼是完结悲剧的终结力量。哀悼，意味着完整地体验了生命中该有的情绪。

成年子女可能会为失落的童年而哀悼，因为他们从小就被当作是一个小大人，有时候还要承担起照顾父母的责任。充当父母角色的子女，不得不快快长大，他们跳过了快乐玩耍、充满自由与好奇心的童年。

成年子女也会哀悼那个失落的假自我，哀悼他们为了抓住父母的爱而戴上的一副副假面具。一段时间之后，面具几乎变得不可分辨了，即使是戴着面具的孩子本人也几乎忘记了面具的存在。

成年子女可能会哀悼那个并不存在的理想化父母。尽管他们可能认为自己与父母有着亲密的关系，但他们会忽然意识到，这是因为戴着假面具，把父母的需求摆在最前面，并且否认自己的需求。

哀悼过后，我们会意识到，你在童年时所受到的不公平待遇并不是你的错，并不是因为你很坏，而是因为你的父亲或是母亲在育儿过程中的种种差错。过去的伤痛和伤害，不是你的错，你无须为此负任何责任。

一般来说，完整的哀悼分为四个阶段：

1. 否认和麻木

有些丧失者在丧失事件发生后，会目瞪口呆，表现出不同程度的难以相信这一消息。他们会说"这不是真的""不可能"。然后，他们把这一强烈情感隔离开来，假装这件事情不存在，自动化地继续过着常规的生活，仿佛丧失事件从来没发生过一样。事实上，在丧失者看似平静的外表下，是强烈紧绷的神经、焦虑悲伤压抑的情绪、他随时有可能精神崩溃。

奶奶告诉青青一个噩耗，妈妈在赶集的路上出事了，被一头受惊的驴踢翻在地，肚肠都甩出来了，头上的血溅得到处都是。

青青懵了。"不可能的""这不是真的"，青青不可思议地摇着脑袋。

直到很多天后，青青仍然不相信这个事情，"不可能的"，以后怎么办？

爸爸一个人在外打工，家里老的老、小的小，自己还在读书……

奶奶怎么办？弟弟妹妹怎么办？

我怎么养活他们？

"这件事情绝对不是真的，不是真的！"

2. 情感大爆发

在丧失发生后的几小时或几天内，丧失者开始检视丧失事件的现实，接着很可能会在否认现实与接受现实之间摇摆。当他相信丧失事件是真实发生了的时候，会感到痛苦和绝望。他在不得已接受现实后，会出现大量的情绪：痛苦、愤怒、恨、无能感、被抛弃感、内疚感等，于是会悲伤、会哭泣、会喊叫，甚至出现一些攻击性的行为。

一个月之后，青青慢慢地开始接受现实。

青青不清醒的时候，就拼命地摇头，告诉自己："这只是一个噩梦，总有一天梦会醒的。"

青青清醒的时候，就告诉自己："事情已经发生了，自己一定要坚强，去找个事情做，养活一家老小！"

然后，青青每天时而哭泣，时而愤怒，时而悲伤，时而绝望……

3. 寻找往日痕迹

经过数次的找寻、反复的思考，丧失事件是怎样发生以及为什么发生，丧失者逐渐意识到现实已经无法改变，并且接受丧失事件是永久性的。此时，他们意识到所有的寻找都是徒劳的，无论做什么事情都挽救不了，然后陷入抑郁和冷漠之中。然后，还是会时不时地，去寻找逝者往日的生活痕迹，并在注定失败的过程中，慢慢体验着分离。

两个月之后，青青接受了这样的一个现实，开始寻求今后的生存道路。

青青回忆妈妈每天做的事情，开始学着妈妈的样子照顾奶奶和弟弟妹妹。

遇到不会做的事情，青青就向天上的妈妈询问，自己应该怎么做。

4. 接受并面对现实

最后是与世界建立新关系的阶段。

丧失者开始意识到自己身处新环境，并且要考虑如何与新环境建立关系，以及考虑如何应对。他们会开始重新定义自己的角色和新环境，意识到必须努力担当原来并不习惯的角色，培养新的生活技能，并准备好要与新的个体建立关系。

三个月之后，青青在叔叔的帮忙下，找到了一个在饭店洗碗的工作。

工作很累，很辛苦，不过可以包吃住，赚的工资可以全部补贴家用，养活一家老小。

弟弟妹妹在上学，奶奶平时做饭，负责弟弟妹妹的一日三餐，生活终于走上了正轨。

二、臣服当下，对抑郁说是

1. 臣服当下

无论是从物理学还是从哲学来讲，人只能活在当下，不可能活在明天或者昨天。生命总是在此时此刻此地度过的。只有当明天成为今天这一刻的时候，人们才能真正地享用它。

臣服当下，是一种内在状态。当你陷入泥淖，你最需要充分认识到的，就是你想要脱离困境。如此，你将聚焦于当下时刻，不会给它乱贴标签。这表示你不会去评判当下。如此，你将不会对当下有所抗拒，不会产生负面情绪，你会接受当下的本然。在这之后，你就可以采取行动，想办法让自己脱离困境。

这些行动，我们称之为正能量。它们要比愤怒、绝望或悲伤的负能量有效多了。直到达成目的为止，你都应该持续地臣服于当下，不去贴任何标签。臣服当下，表示要展开你的双臂接受此时此刻，接受这个身体，接受这个情绪，接受你周遭的一切事物，接受你这一生，接受你这个人。

赛斯说，所谓时间和空间都是不存在的，所有我们的存在，就只有当下。

当下，是说我们所有身体、精神与心灵的力量，都集中在了当下临在的这一个灿烂焦点上。这是前无古人后无来者中，最有威力的一点，是由存在的核心浮升到现在，垂直直通到存在的源头。

这个当下涵括了我们所有可能的过去与未来。我们可以选择，并且去改变它们。

过去像是一连串的电磁波，存在于物质的脑与非物质的心智中。未来也是心智与大脑中的一连串电磁波，而这种波是可以被当下改变的。

对知觉者来说，过去或未来，并不比当下更客观或独立，这组成过去或未来的电磁波，多半由各人的知觉形成。

过去很少是你所记得的那样，就在你刚刚想起那件事情的一瞬间，你就已经在重新安排它了。当个人的想法改变时，过去也就被再创造了。当你改变了自己的信念，也就重新书写了过去的程式。

而当下的每一刻，又是未来所有事情的一部分，每一个行动都会改变另一个行动。我们现在的每一个行动，将来的所有事情，也会相应地发生改变，因为所有存在都是在一种"变为"的状态，变为"更是它自己"的状态。

17 岁的女生珊珊在做沙盘的时候，在左下角的沙子里，埋了一个缺胳膊断腿的士兵。珊珊对心理师说，在自己 8 岁的时候，父母为了生二胎，给她办了假残疾证的时候，她的心就已经死了。这些年来她一直像一具尸体一样地活着！

心理师用叙事疗法，让珊珊重新叙述了一个不一样的故事。

珊珊回忆，有一次自己发高烧，爸爸妈妈不眠不休地照顾了自己两天两夜。珊珊还意识到，自己上的是贵族学校，而弟弟上的却是普通平民学校。珊珊想起来有一次自己与弟弟发生了冲突，爸爸妈妈明显是站在自己这边的。经过这样的回忆，珊珊意识到，爸爸妈妈是爱着自己的。

在再次做沙盘时，沙子里埋的残疾士兵换成了小鱼，而在小鱼旁边，有一条清澈的河流，通向美丽的家园……

珊珊过去的记忆，已经发生了改变！

2. 对抑郁说是

这里说的"抑郁"，不是指抑郁症，而是一种普遍存在的抑郁情绪。基本上，所有的原生家庭心理创伤，不管是表现为哪种形式，都会伴随着抑郁情绪。当抑郁情绪来临时，我们怎么办呢？

◉ 对抑郁说是！

人们在与抑郁情绪直接照面的时候，第一个本能是转过头去，第二个本能则是讨价还价，希望离它越远越好。然而，任何我们拒绝的，其实都在把它变得重要，并赋予它支配我们的力量。

人们处理不良情绪通常有两种方式——压抑或发泄。压抑，意味着不允许它释放，那么它就会像一个充满了氢气的气球，来不得半点儿的挤压或高温，挤压会破裂，高温会爆炸。所以，被压抑的情绪，在表面上看起来好像波澜不惊，但是内里却已经在翻江倒海了。因此，对身心灵来说，压抑是一种自我毁灭的方式，这种毁灭会让情绪走向崩溃的边缘。而如果我们借由情绪向无关的弱者肆意发泄，发泄完之后，内心仍然是布满了空洞和虚无。况且，对弱者造成的伤害，又会导致我们自己抑制不住的内疚，从而加重了不良情绪体验。

我们允许情绪来去自如，像微风般掠过，似白云般飘过。对于情绪，我们不必掩饰或是控制。情绪也是生命的一部分，只有真心拥抱它，我们的生命才算完整。每个情绪的背后，都隐藏着不可思议的正面力量。如何将情绪的破坏力转化成你生命里的正面力量，是我们一生都要学习的功课。

首先，承认情绪就在那里，我念或者不念它，它都在那里。这个情绪是我的，我对我的情绪负责，我注视它，但不被它抓住。我允许它来去如风，因为它是我的一个朋友。因此，喜悦时，情绪陪我一起欢笑；悲伤时，情绪陪我一起度过。

然后，把注意力转移到对自己身体的感觉和感受上，去觉察情绪正在身体的哪个部位，不要回避或压抑它，不要试图控制它，只是去感觉内在的翻腾或颤抖。深呼吸，无论感觉到什么，都允许它在那里。

接下来，需要我们通过做一些耗费精力的事来把压力力比多用光，比如跑步、快走、做家务……或者，我们可以允许它以自然的方式表达出来，比如：恐惧时，它需要颤抖……生气时，它需要呐喊尖叫……当情绪被允许做了它要做的事，自然就会逐渐地平息下来。

最后，安静地躺着，闭上双眼，开始冥想。这时，是我们认识自己极佳的机会。此时，我们可以问自己：是什么激起了我的情绪？会有什么最糟糕的情况发生？我害怕的究竟是什么？是什么信念或想法引发了我的强烈情绪？

三、我们内心的冲突

原生家庭受创伤的人，基本上都有一个关于爱与恨的心理冲突，其实也可以说是生本能与死本能的心理冲突，或者说是亲密与分离、爱与自由、愧疚与仇恨等，都是同一个意思。而这个爱与恨指向的客体，不管在现实中是指向什么事物，其根本的隐喻都是指向父母。

爱是恨的近亲，恨也是爱的近亲。恨不是爱的反面，爱也不是恨的反面，冷漠才是。一个你对他没有任何期望的人，你不会费事地去爱他或恨他，因为他没有触及你，你也就无所谓爱恨。

恨涉及一个很痛苦的与爱分离的感觉，这个意思，是要获得爱。恨不是对爱的否定，而是爱而不得。当一个孩子对父母说"我恨你"时，他其实是在说："我那么爱你，你为什么对我这么坏？"

很多人对父母都有一个仇恨与愧疚的心理冲突，如果不能释放这个仇恨与愧疚，心理创伤就无法疗愈，同时各种慢性病、慢性疼痛也会伺机而来。

为什么恨：你对我如此控制，你不允许我有自己的意志，你不让我做自己，你把我当成一个工具，你把我当成私有财产，你不爱我，你遗弃我，你迫害过我……所以，我恨你。

为什么愧疚：我不爱你，我不喜欢你，我不想与你亲近，我不想和你待在一起，我不想听从你的安排，我不想成为你的私有财产，我不想要当你的工具，我想要远离你……所以，我愧疚。

所以，第三阶段就是来消除对父母的仇恨与内疚。不再仇恨父母，对父母的内疚就会减大半，再进一步通过家庭系统排列看到，父母对子女是没有所谓"恩"的。父母自有他们的责任、命运，需要他们自己负责，子女无能为力。人类的子代都有权利比亲代活得好，所以，我们可以毫无愧疚地去绽放自己的生命，去展开自己的创造力。

第三节　第三阶段：消除内疚感，重建清白感

一、穿过那些缭绕的剧情

心理学者李雪说过，剧情是我们内在关系模式的对外展现。我所理解的剧情，大概和强迫性重复是一个意思，也就是佛家讲的轮回。

在父母的潜意识中，存在着许多剧本。那些剧本是他们童年经历所内化形成的脑神经回路。在他们成为父母之后，就照着那些剧本来演绎父母角色，一遍又一遍地体验着那些熟悉感。

一个人的心理健康程度，很大程度上跟"走出剧情"的能力成正比。有些人在社会化、在自我疗愈的过程中，逐渐认清了自己的剧情，从而跳出了在原生家庭中父母给自己预设的剧本。而另一些人从来没反省过自我的内在关系模式有什么问题，一直在照着剧本演绎生活，直到做了父母之后，又给子女预设一模一样的人生剧情。

让我们来看看，父母通常会给我们预设一些什么样的剧情？

剧情①"我为你付出了多少多少……"

真相："我为你付出了多少多少……"＝我从来没有爱过你。

真正的爱，是相互滋养，既成长了我，也成长了你。当对方在说出"付出"这两个字的时候，就表示他们与你相处的时候，只是

为了某项目的（比如回报）。他们觉得和你在一起是一种牺牲，也就是说，他们从来没有爱过你。

剧情②"你要是和XXX结婚，我就去跳河……"

真相："你要是和XXX结婚，我就去跳河……"＝你快不快乐不重要，我快乐才重要。

当我们知道了这个剧情背后的真相后，我们就要放父母自由，也放自己自由。允许父母活不出自己想要的样子的自由，允许父母受苦的自由，那是他们灵魂的选择。也允许我们选择自己人生道路的自由。

剧情③"这个家的将来和弟弟妹妹的未来就全靠你了……"

真相："这个家的将来和弟弟妹妹的未来就全靠你了……"＝自己不飞（不会飞），就下个蛋，让大蛋背着自己和所有小蛋一起飞。

一个躯体只能承载一个灵魂，每一个人的人生只能为自己负责。负重的人生，从来只能蹒跚地匍匐在地。除了抚养，没有谁可以为另一个人的生命负责。也没有谁可以为另一个人的幸福和快乐负责。

剧情④"你真是笨，怎么这么差劲……"

真相："你真是笨，怎么这么差劲……"＝我真笨，我真差劲。

当父母这么说的时候，不要被语言催眠。要知道，我们每一个人的生命，都有着无穷的价值，我们每一个人的人生，都有着独一无二的使命。父母这么说，是他们对个人的投射，是他们对个人的评价。

剧情⑤"我做的一切都是为了你好……"

真相："我做的一切都是为了你好……"＝你一定要听话。

这是以爱之名的绑架，实质是要控制子女，让子女听从自己的意志。每一个人都想要活出自己的生命，每一个人都有一个精神生命要向世界绽放。如果我们为父母而活，那我们自己的人生在哪里？

剧情⑥"我爱你，所以我们不分离……"

真相："我爱你，所以我们不分离……" = 我不希望你幸福。

当父母这样说的时候，我们要能够认识到，这句话背后的意思就是，你的婚姻一点儿都不重要，你最好不要幸福。亲子之间的爱，是以分离为目的的。孩子越成长，就越需要离开父母，才能够拥有一个真正完整的人生。

剧情中，父母没有真实的爱。父母爱的只是那个自己自恋的、有着优越道德资本的付出者形象。他们看不见真实的孩子，他们爱的只是他们幻觉中的、剧本中、听话的小孩。如果你把书包放在左边，他会责怪你为什么不放在右边。如果你把书包放在右边，他还会责怪你为什么不放在左边。

剧情里没有真实的爱。当我们陷入剧情、被剧情催眠的时候，就会去认同这个角色。制造愧疚剧情的父母，要求孩子一生都要带着亏欠生活。"因为我对你恩重如山。""我给你生命、给你吃饭、给你衣穿、给你书读、把你养大……"如果孩子不能从剧情中走出来，就会一生带着愧疚生活，总觉得对不起父母，无论怎么做都对不起父母。我们会无意识地给自己制造痛苦、制造挫折，"看，我也不幸福，我没有背叛你"。接下来，就会在不断地自我攻击、自我惩罚、自我伤害、自我毁灭中消耗能量。

父母攻击和羞辱孩子，是在参照上一辈的剧情，来演绎父母的角色。我们唯一能做的，就是淡然一笑，看穿剧情的真相，不去入戏，不去参演，把能量用在过好自己的人生上。

自由 = 尊重他人的界限 + 守住自己的界限

把自由还给父母，也还给自己，这是对父母、对自己最大的慈悲。

允许父母按照他们的意愿过一生，允许父母受苦，允许父母活不出自己，允许父母演他们喜欢的剧情，因为那是他们的权利、他们灵魂的选择。

更重要的是，要允许自己活出自己，允许自己绽放出生命的精彩，允许展现自己的自我实现，允许自己为自己的人生做出选择，允许自己成为自己。

二、父母于子女无恩

1. 为什么生孩子

生孩子是父母自己的选择。

没有哪个孩子是哭着求父母把自己生下来的，"求求你们，把我生下来吧……"都是父母自己选择生下孩子。不孕不育的夫妻，都要想方设法寻找药方、求神拜佛地要孩子。应该是父母要感谢孩子，感谢孩子愿意做你们的小孩，圆了你们的梦想。

父母要孩子，从来都是为了自己的需要。

我们来征询一下父母，为什么要生一个孩子？

小孩可爱，喜欢小孩。

孩子是我们爱情的结晶。

有了孩子，人生才完整。

生个孩子，婚姻才更稳定。

为了繁衍自己的基因。

为了克服中老年的孤独和寂寞。

养儿防老，年老了需要赡养。

不生孩子，人家会说我不正常。……

这些答案，无论从哪一个角度看，父母都是在为自己，为了满足自己的需要生孩子。要说这样就是对孩子有恩，就好比我为了自己的需要，买了一件限量版奢侈品，因为要经常保养，然后我就对件奢侈品有恩了吗？

养育子女是责任和义务。

胡适在《我的儿子》一文中说："譬如树上开花，花落偶然结果。那果便是你，那树便是我。树本无心结子，我也无恩于你。但是你既来了，我不能不养你教你，那是我对人道的义务，并不是待你的恩谊。"

父母养育子女是一种责任和义务。全世界的法律都规定，在子女成年之前，父母对子女有抚养教育的责任和义务。如果父母对子女有遗弃或虐待，那是要受到法律制裁的。

子女有独立的人身权和生命权。子女并不是父母的附属物，更不是父母的私有财产。

2．越是要求孩子感恩的父母，越没有爱

没有爱的亲子关系，才需要感恩。

有些父母把养育孩子当成一种比天高、比海深的恩德。

在孩子小的时候，有些父母就天天给孩子灌输自己如何不容易，如何辛苦、牺牲、付出，要孩子对自己感恩戴德。在孩子成年后，他们就不断地向孩子索取，不停地剥削和压榨孩子，恨不得孩子肝脑涂地、鞠躬尽瘁地报答自己。

在电视剧《欢乐颂》中，樊胜美的父母，不停地向女儿索取，贴补儿子，让女儿给好吃懒做的儿子买车买房，养育儿子的孩子。结果，樊胜美被盘剥得一穷二白。樊胜美没钱给父母时，父母还会破口大骂她是白眼狼，没良心，骂她对不起父母的生养。

没有爱的亲子关系，才需要感恩。亲子之间关系是平等的！如果父母只喜欢懂事、乖巧、听话、感恩的孩子，那么，根据对等原则，孩子也可以歧视智商不高、人格不健全、没有钱的父母了。

推崇感恩教育的家长，往往是不爱孩子，在身体与心理上凌虐孩子，无法获得孩子的爱和尊重的父母。这一部分父母的爱往往是相当匮乏的。没有爱的父母，自己盛载爱的杯子是空的，所以他们为孩子做的每一件事，都会让他们觉得是对自身能量的一种损耗，所以就极力地要求孩子报答他们的付出。

而这些本来没有得到过爱的孩子，本身就对父母有着出离的愤怒、痛苦抑郁的情绪、逃离远离的冲动。这样，被所谓感恩教育专家一番洗脑后，对父母又产生了极大的愧疚感。这些孩子在内心充斥着仇恨与愧疚的激烈冲突，有很大的可能性是需要看心理医生了。

正常的父母，知道自己与孩子互不相欠，亲子之间是平等的。

对孩子有爱，而且爱能够自然流动的家庭，父母在照顾孩子的时候，并不会有付出感，而是觉得自己在做一件快乐的事情，也不会强迫要求孩子感恩。

爱是一种能力，一种不要求回报的给予，一种情感的流动。真正爱孩子的父母也许会觉得养孩子很累很辛苦，但是他们并不会要求孩子感恩、回报自己。他们真心地希望孩子幸福，希望孩子做的人生选择都是基于为了自己的幸福，而不是为了回报父母，而且他们在年老的时候内心愿望是不愿意让自己成为孩子的负担。

爱孩子的父母，在养育孩子的过程中，就能够感受到孩子对自己的回报：那一个个甜蜜到融化心灵的笑容，那一声声亲昵的"爸爸""妈妈"，那些拥抱时耳鬓厮磨的亲子依恋之情……都是父母养育孩子所获得的回报。

拥有爱的能力的父母不仅不会要求孩子回报自己，相反，他们还会感恩孩子扩展了自己的生命，丰富了自己的人生体验。正是由于养育孩子，他们获得了更多的收获和成长，成为一个更好的自己。

如果一定要感恩，那也是父母对子女感恩。是父母决定要拥有一个孩子的，这个原因有可能是因为喜欢，有可能是因为传宗接代，有可能是因为怕孤独，有可能是因为养儿防老，当然也有可能单单为了参与一个生命的成长。无论如何，是孩子让父母实现了心愿，是孩子为父母扩展了生命的深度和层次。孩子成长过程中的每一次欢笑、每一次蹦跳、每一次进步，都带给了父母太多太多的欢乐。

三、生命来自天赐，我们无须歉疚

1. 人类集体潜意识

生命的河流自上而下，我们通过母亲的子宫来到这个世界，人类一代又一代地出生、成长、繁衍。大自然很神奇，让后代总是比前代强，所以人类在不断地进步。如果没有进步，要不原地踏步，要么越来越落后，最终只能回到原始社会，去山洞里居住。

因此，所有父母在人类集体潜意识的层面都希望子女可以生活得比自己好，这是大自然的生存法则。我们爱父母的方式，不是顺从和孝敬，而是用一个幸福快乐的心态，去实现自己的理想，拥抱太阳和生命，活出一个快乐真实的自己。

父母自有他们自己的命运、生老病死，他们要为自己的生命负责。我们也自有我们自己的责任和人生使命，也有自己的人生命运要去经历。我们为父母完整地经历他们的生命历程而感到自豪和骄傲。父母也为我们能够轻装上阵，自由地绽放生命创造力而感到自豪和骄傲。

我们有我们的幸福，父母也有他们的幸福。对父母的大爱，就是尊重父母他们自己所选择的生命方式，尊重人与人之间的界限。父母所谓活得好，更多的时候是源于我们活得好。在人类集体潜意识中，子女活得好，是父母的欣慰，是父母最底层的愿望，是父母最真心诚意的祝福。

与父母和解，说的是与内在父母的和解。这个内在父母是大自然母亲、是宇宙父母、是人类集体潜意识。与内在父母和解，就是认可自己是一个神圣的生命，是一个高贵的生命，有着自己生命的无限价值。

当我们内心里有了一种强烈的集体人类归属感之后，我们就再也不惧怕离开父母，从而就可以去过自己的生活了。

2. 爱的传递

家排大师海灵格告诉我们，自古以来，都是父母将能量、生命力传递给孩子；而孩子不可能反向传递。这是生命的基本法则。因为父母给了孩子生命，孩子无法给回去，除非是摧毁了自己。

大自然的意图就是如此。动物世界就是这样：孩子一旦有了独立的能力，就会离开父母。父母不会追着去问："等等，你要去哪里？我为你付出了那么多？"

大自然没有这样的要求。

如果子女太爱父母的话，就没办法爱自己的小孩。"埋儿奉母"的结果是，这个物种的存续成了问题。如果一个女人太过依恋父母，无法爱男人；如果一个男人太过依恋父母，也无法爱女人。因为他／她爱了别人，就会有内疚感。

无法爱别人，就无法享受生命，然后就会对父母生气，内心里就会有一个念头升起："等我爸爸妈妈死了，我就自由了。"这个念头不会说出来，也不会有人知道，但自己又受到了罪恶感的折磨。

真的不必这样痛苦！

一个躯体只能承载一个灵魂，孩子只能对自己的人生负责。爱不是用来回报的，爱是用来传递的。孩子做了父母，把爱很自然地传给下一代。

孩子若想要感恩，只需要把这份爱传递给自己的下一代即可。孩子若是想要丁克，只需要活出自己的生命力，拥有一个自己说了算的人生即可。

当我们心中种下爱的种子，自然会对周围的一切充满爱，爱亲人朋友，甚至爱整个宇宙。真正的爱，是喜悦能量的传递，不是彼此纠缠的牺牲。

疏通了内在爱与恨的冲突，消除了对父母的怨恨和愧疚之后，还有一个问题，就是长期以来形成的低自尊、低自我价值感、羞耻感、无存在感，所以第四阶段，就要来消除羞耻感，重建价值感。

第四节　第四阶段：消除羞耻感，重建价值感

一、你可以不原谅

小雅去监狱里探望正在服刑的父亲，想着二十几年的恩怨终于了了。父女始终是血浓于水，小雅决定原谅父亲。

没想到在监狱里，父亲仍然本性不改，还叫嚣着让小雅去卖，去筹钱为他保释。小雅拒绝了父亲的无理要求。父亲在被狱警拉走的时候，还不断地说，小雅不帮他，等他将来服刑期满，要来找小雅报复。

小雅噙着眼泪离开了监狱。过去的种种浮现在眼前，小雅痛苦到不能自己。

小雅幼年时，父亲天天酗酒，每天一回家就打小雅和她的母亲。父亲没钱的时候，就天天嚷着叫她母女俩去卖。小雅的童年，基本上是一部悲惨的受难史。

直到前不久，父亲因为杀人被判了刑。小雅想着，毕竟父女一场，就见父亲最后一眼。没想到父亲依然是那个让人恶心的样子。

1. 原谅的陷阱

的确有很多人会说，你要原谅你的父母，他们也是家庭轮回的

受害者。他们被他们的父母虐待过，他们没有得到过爱，所以才会这样对你。但是对一个从小被伤害了的孩子来讲，如果原谅了父母，又有谁来安慰他们呢？

不是我们原谅了父母，事情就会回到起点。打出去的钉子，钉在了木桩上，即便把钉子拔出来，木桩上还是布满了满目疮痍的黑洞。很多时候，即便你单方面原谅了父母，可是父母仍然在用相同的手段对待你，而你却还在因为曾经恨过父母而自责和内疚。

于是又带来更大更多的仇恨。"为什么我做不到原谅呢？""是不是说明我不是个好人？""难道真的是我的错？"

这样的想法会让你更加痛苦。在你看来，只有完全原谅才能解脱，可是你做不到。于是你把所有的问题和痛苦都指向了自己："看来的确是我的错？"

2. 不必原谅

事实上，恨也是一种生命力。你只有看清自己恨意的来源，向正确的人用正确的方式表达恨意，才是快意人生的活法。一味地压抑情绪，用精神分析学家比昂的说法，就是"负恨——憋着恨"，比真实的恨会有更多的杀伤力，最终只是积攒更多的愤怒。到最后愤怒压抑不住的时候，就会暴发，导致两败俱伤。

伤害就是伤害，没有这些伤害，我依旧会变得更强！

在这个世界上，从来没有什么感同身受，也不用去主流文化里去寻求认同。有些事情，你愿意原谅，你就原谅；你不愿意原谅，就没有必要原谅。不需要捂着伤口，虚伪地说不痛。事实是伤口就在那里，痛就在心上。不用为伤害寻找借口，说什么"他们也是原生家庭轮回的受害者"。知道自己是受害者，知道自己会有虐待孩子的倾向，还不去疗愈自己？

伤害我的人，可以放下，但是不会原谅。

身体上的伤疤可以慢慢消除，但心灵上的每一道伤疤，可能会历久弥新，很难消除。很多时候，原谅那些心存恶意的人，就相当于给别人再次伤害自己的机会。没有原则的原谅，不一定能换来感动。无底线的原谅，只会换来无底线的伤害。这个世界上，并不是所有的错误和伤害都值得被原谅。最值得被原谅、被宽容、被拯救的人永远都是受到虐待、受到伤害的自己。

二、最致命的人类情感

1. 何谓羞耻感

最致命的人类情感是什么？羞耻感！

羞耻感是残忍暴力行为及破坏性关系的源头，也是各种虐待的核心，它深深地贯穿于施虐者和受害者的行为中。如果我们内在有一份羞耻感，可能就会认为自己是肮脏丑陋、低人一等、毫无价值、不值得被爱、不配活着的。

所谓羞耻感就是暗藏在内心里的无价值感。此时，就是好像有人在对你说："你有没有脸哪？""我真为你感到丢脸！""你怕要找个地洞钻进去！"羞耻感的级别，比内疚感更低一些、更原始一些、更加让人无地自容。就好像你连人都不配做，活着没有意义一样。这种羞耻感会让人产生巨大冰山崩解的感觉。

比如台湾作家林奕含在被性侵后，曾经想告诉妈妈。她试探性地跟妈妈说学校里有同学经历了这种事情，她妈妈说"一定是那个女生太骚"。作为一个敬重权威的乖乖女，妈妈的话无疑给了林奕含太多的杀伤力。直到后来出版了《房思琪的初恋乐园》之后，林奕含又要面临着在读者、媒体面前一遍遍地撕裂自己的伤口，这真是一种最可怕的羞耻感的折磨。

羞耻感使受害者有低人一等之感。

羞耻感会使曾经的受害者不相信自己值得被爱、被尊重，认为自己活该被蔑视和看不起，会贬低自己，同时无意识地让人羞辱、贬低自己的伴侣和孩子。

羞耻感会使受害者虐待自己。

羞耻感会导致受害者不由自主地各种虐待自己、攻击自己、各种成瘾行为（包括药物成瘾）、各种自残自伤等。

羞耻感会使受害者陷入不断被虐待的轮回中。

羞耻感会使受害者在与人互动过程中，情不自禁地期待被他人虐待，从而实现了自己童年时候就开始的强迫性重复。

受害者可能会把羞耻感代际传递给自己的孩子。

羞耻感会使受害者产生施虐倾向。在童年时期遭受过虐待的人中，大约有 30% 会虐待自己的孩子。

2. 童年受虐经历引发羞耻感

如果你在儿童时期曾经遭受虐待，那么你肯定知道什么是羞耻，你可能一生都会活在羞耻感的阴影之下。

你可能会将受虐待的原因归咎于自己："如果我听爸爸的话，他就不会打我了。""如果我好好学习，妈妈就不会生气了。""如果我是个男孩子，爸妈就不会把我送人了。""如果我长得漂亮一点，妈妈就会喜欢我了。"……

如果你在童年时期被虐待过，那么这段经历可能对你的余生都有负面影响：你可能会过度追求完美、过度自我批判、自我虐待、自残自毁，各种成瘾（药物、酒精、购物、赌博、性交、工作、偷窃等）；你可能会暴饮暴食、睡眠障碍、人际关系失衡、沉迷于施虐与被虐的关系。

很多人或许会寻求解决之道：找心理师或参加互助小组。这些或多或少会有所帮助，但是受害者内心深处，难以抑制的羞耻感，依然会是受害者难以越过的一个坎儿。这是因为，羞耻感本身是蔑视人性、人格被侵犯、价值被凌虐、人生意义被抹杀的，其造成的负面影响，远比其他种类的感觉，影响要更为持久、深远。

人类因为被爱而诞生，每个人都希望得到父母的关爱。所以当父母虐待孩子时，孩子会感到前所未有的羞耻感，孩子会想当然地归罪于自己，是因为自己"不好"，所以"不值得被爱"。

作为人类，安全感和自我掌控感是生存的次重要条件。当儿童被虐待时，这一安全感和自我掌控感的信念，便会随着伤害土崩瓦解。当人类不能够自保的时候，就会生出无力感，与这种无力感相伴随的往往会有屈辱感和羞耻感。

3. 羞耻感为何难以摆脱

如果童年有饱受羞辱或有很多令人羞耻的经历，有些孩子可能会把这一份羞耻感，内化为自己人格的一个部分。成年后会在各种关系中，不由自主地期待被虐待与虐待的戏码。最为典型的就是亲密关系和亲子关系中。

案例①

星爸又开始打星星了。不知道为什么，星爸每次都控制不住自己。

星妈多次告诉他，不要对孩子使用武力。可是只要孩子做的事情不符合他的心意，他就会怒火难平，忍不住动手去打孩子。

心理师仔细分析了星爸的动机和行为，发现星爸属于高控制人格。孩子的任何事情都要在他的眼皮子底下，经过他的允许。细到孩子用哪支铅笔，和谁交朋友，玩哪个玩具，作业用哪个作业本，他都要管，可谓事无巨细……

孩子是一个独立的生命，有自己独立的意志。在上述案例的父子关系中，只允许有一个意志存在，孩子被虐待就成了必然。

心理师建议，星爸应当注意自我成长，否则孩子的人生不堪想象……

案例②

翠在幼年时，看到父亲天天都在酗酒，一酗酒就打她和妈妈。

翠和妈妈每一天都活得胆战心惊。如果哪天上午被打了，下午和晚上，她们还安心一点。如果上午没有被打，那么她们一天都在担心，因为不知道什么时候暴力就会袭来。

翠暗暗在心里发誓，将来长大了，绝对不找暴力的男人做丈夫。

翠找的第一个丈夫，一开始对翠很好。两年后，他就慢慢地对翠拳脚相加。于是翠失望地离婚了。谁知道，翠找的第二个丈夫在一年后，也开始对翠使用暴力。于是翠又离了婚。第三次结婚时，翠决定找个文弱的、戴眼镜的斯文男人。结果在婚后三个月，斯文男人又开始打翠了。

翠不解："为什么会这样？""我的命真苦啊！"

有着严重羞耻感的孩子在成年后，往往性格偏执，无法爱他人。他们为了维护可怜的自恋，就只能通过确认"我是对的，你是错的"

来保护自己。这样的人往往控制欲过强，会对配偶和孩子有过度控制和虐待的行为。

另外一些被父母虐待得意志土崩瓦解的孩子，则会表现得毫无主见，毫无决断。他们往往会高度依赖虐待他们的人，因为害怕被进一步羞辱，而选择高度顺从，从不质疑权威。甚至在自己的利益被侵犯时，也没有勇气说出来。

三、摆脱羞耻感，走出童年阴影

（此思路来源于贝弗莉·恩格尔《这不是你的错》一书）

1. 自我理解。

自我理解就是要理解问题背后的原因，看到问题背后的真相。

当我们看到，这个事情是由于父母本身的愤怒没有解决好，是由于父母本身的情绪问题、父母自己原生家庭的问题。

这个事情当中，自己没有做错任何事情。

父母愤怒的对象是他们的父母，他们要攻击的对象也是他们的父母，那么我们的内心也就释然了。

2. 自我宽恕。

原谅受虐待的自己：当年的自己那么弱小，那么无力，所以当年自己的无力反抗也情有可原。

原谅曾经对自己的虐待：因为羞耻感，我们或许做过很多自我伤害的事件，比如抽烟、酗酒、暴饮暴食、批判自己等。

原谅自己曾经伤害过他人，比如孩子：承认自己不是好父母，向孩子真诚地道歉，思考怎样可以改变。

3. 自我接纳

每个阴影的背后，都隐藏着不可思议的正面力量。如何将阴影的破坏力转化成你生命里的正面力量，是我们一生都要学习的功课。

你越接纳你的阴影，你人生的能量就会越强。你越压抑，不敢面对你的阴影，你就越没有力量，越虚弱。

假自我是一切心理问题的根源。真自我是一切心理健康的基础，也是幸福和快乐的基础。而真自我的追寻，需要我们在接纳阴影中慢慢完成，是人格面具与人格阴影不断整合的最终自性的结果。

4. 自我关爱

照顾好你的身体，容许你的思想，跟你的痛苦情绪做朋友，跟他人建立良好的连接，滋养你的精神。

你是陪你自己走得最多，走得最长，陪你到最后的那个人。

任何一种与他人的关系，都是自己与自己关系的外在投射。

爱自己，你才会爱别人。爱自己，你才会值得被爱，才会有人爱你。

无论发生什么事，请你把自己当成最好的朋友，友善、接纳和充满爱地对待自己。

5. 自我鼓励

当你感觉到自己有一点儿进步的时候，适时地给自己一些奖励。可以是享受美食，可以是一场喜欢的电影，也可以是自由自在地逛街，也可以是买一件自己心仪已久的物品……

当你的内心有丰盛感、有充裕感的时候，你的内心才会有爱的能量流过。这个时候，无论是爱，还是被爱，都会来得那么理所当然。

爱从来都是心心相印，互相吸引。爱从来不会降临在自身对爱匮乏的人群身上。心中有爱，才会得到爱，也才给出爱。

四、不必与父母和解

1. 与父母和解？

很多学派的心理学都会告诉我们：如果你不与父亲和解，建立起连接，你的事业就发展不起来。如果你与母亲关系不好，没有建立起连接，你的感情和人际关系就要出问题。于是我们开始推导，我们想要事业成功，就去与父亲和解；我们想要感情顺利，就去找母亲要答案。

于是头脑就会去和父母沟通，当面对质，历数父母对我们的种种控制、虐待、伤害，导致了我们今天很怂、很胆小、很害怕，无法做自己。结果父母会有两种表现：①大声斥责你白眼狼、没良心，白给你吃了那么多年白米饭；②特别伤心，恨不得把心窝子掏出来给你看。但是我们会发现，自己内在的委屈和愤怒依然存在，鸿沟不但没有填平，在回溯的过程中，反而会受到二次伤害。

头脑还会有另一种更温和的方式，说服我们要去理解父母，暗示自己父母是爱我们的，父母也是囿于他们自己的局限和内在关系模式，对我们造成了伤害。理解父母、原谅父母的最终结果就是，情感上既然认为父母是情有可原的，那么错的难道是你吗？这样就会带来更大的羞耻感。

也有人询问，是不是可以把父母带来做心理咨询？ 结果父母的回答通常会是："不，是我想让孩子来做咨询，他／她让我太痛苦了。"结果引发了一场漫长的太极持久战。退一万步讲，就算父母改变了，你自己的痛苦会得到治愈吗？事实是，父母可能永远都不知道你内心经历了什么，但是他们也不需要知道。

2. 与内在父母和解！

其实心理学说的是，"亲爱的，外面没有别人，只有你自己"（张德芬）。一切外在关系模式都是我们内在关系模式的向外投射。与父母和解，既不是必要条件，也不是充分条件。

马斯洛一生都不原谅自己的母亲，但这并不妨碍他成为一个伟大的心理学家。

父母也许一辈子都不会有能力真正地看见孩子，但我们依然可以成长，并且拥有爱父母，或者不爱父母的自由。

所谓"与父母和解"，说的是与内在的父母和解。这个"父母"不是实体形态的父母。实体形态的父母只是带自己来到这个世界的载体，而不是内在的父母。在形式上，我们仍然可以与父母远离、不交流、不沟通，因为不是所有的父母都可以沟通和交流。

接受内在的父母，就是接受自己的存在，接受自己这个生命；内在认可自己是这样的存在，认可自己是这样的生命。

接受内在的父母，意味着接受了来自家族几十代、几百代的生命正能量！

内在的父母是家族几十代、几百代的生命正能量，是神奇的大自然，是地球母亲，是宇宙父亲，是上帝……

这样，通过慢慢地整合自性化，从而走向人性的完整。

和解之后，我们就可以做回真自我，接纳自己、喜欢自己、爱自己了，就可以迎来一个充满活力、丰盛喜悦、幸福快乐的人生。

近代以前，心理学还类属于哲学范畴。哲学无非是思考"我是谁？从哪里来？到哪里去？有什么意义"的问题。而在这些问题中，大哲学家加缪说过，"真正严肃的哲学问题只有一个，那就是生与死"，那也就是延伸到了人类人生和生命意义的思考。

第五节　第五阶段：寻找人生和生命的意义

一、武志红的人生意义

武志红是我国最具盛名的心理学家之一。年轻时候的武志红说，生命的意义在于为自己的人生做选择，即主宰自己的命运。成熟稳重后的武志红说，生命的意义在于成为你自己、拥有一个你说了算的人生！

当然，为自己的人生做选择、主宰自己的命运、成为你自己，拥有一个你说了算的人生，说的都是同一个意思。我们生命的根本动力是成为自己。我们天然就有一个精神胚胎，一个人活着，是为了"实现"自己，而不是其他。

"有股活力、生命力、能量经你而实现。从古至今只有一个你，这份表达独一无二。如果你卡住了，它便失去了，再也无法以其他方式存在。世界会失掉它。它有多好或与他人比起来如何，与你无关。保持管道开放才是你的事。"

成为自己是一次"英雄之旅"。走上这个旅程的人，才会彻悟到这一点。所有关于生命的哲学，都不是哲理这么简单。它是活生生的现实。我们会体验到，当真正发现自己、成为自己时，你会喜极而泣。你会看到：原来这才是你自己，原来你就是生命本身。

二、西西弗斯的人生意义

西西弗斯是希腊神话中的人物。西西弗斯是科林斯的国王。他曾经绑架了死神，让世间没有了死亡。后来，在死神被救出后，西西弗斯就被打入了冥界。在被打入冥界之前，西西弗斯嘱咐妻子，不要埋葬他的尸体。于是西西弗斯被获准重返人间，用三天时间来处理自己的后事。但当他又一次看到阳光、空气、森林、水流，重新触摸那火热的石头、宽阔的大海时，他就再也不愿回到那个阴森森的地狱中去了。

西西弗斯的行为触怒了众神。在召唤、愤怒和警告都无济于事的情况下，神决定对他施以严厉的惩罚：在无边地狱，西西弗斯每天要把一块沉重的大石头推到非常陡的山上，然后朝边上迈一步出去，再眼看着这个大石头滚到山脚下面。西西弗斯要永远地、并且没有任何希望地重复着这个毫无意义的动作。

我们可以看到这样一幅图景：一个弯成弓的身体千百次地重复一个动作——搬动巨石，滚动它，把它推至山顶。我们看到的是一张痛苦扭曲的脸，看到的是紧贴在巨石的面颊，那落满泥土、抖动的肩膀，沾满泥土的双脚，僵直的胳膊，以及那坚实的满是泥土的双手。经过不懈的努力之后，刚刚到达山顶，于是西西弗斯看到，巨石在几秒钟内又向山脚下面滚去。而他必须把这块巨大的石头重新推向山顶，于是他又向山下走去……

那么，对于西西弗斯来说，这样的人生有什么意义呢？

我想，这是一个对普罗大众人生意义的隐喻。人类不也是这样吗？

问一个农村放牛娃："为什么放牛？""把牛养大了卖钱。""要钱干什么？""娶媳妇。""娶媳妇干什么？""生娃。""生娃干啥？""让娃放牛。"……

问一个城市读书娃："为什么读书？""为了将来有一个好工作。""要好工作干啥？""过好日子，结婚生子。""生孩子为啥？""让孩子读书，将来有一个好前程。"……

因此，这其实是一个关于生命意义的思考。

西西弗斯隐喻的是每一个人，那么西西弗斯的人生有什么意义呢？

1. 在当下的这一刻，西西弗斯对自己的人生是可控的，对自己的石头是有决定权的。他可以选择用什么方式、什么方法来推；可以选择是以痛苦、还是欢乐的心情状态来推。这是西西弗斯事业的胜利，他的全部快乐就在于此，他的命运是属于他的。反之，若连石头都没有推的，生命岂不只剩下了荒谬与虚无？

2. 人生的每一刻，推动着我们展现生命、绽放生命的是生本能，即激情。当生本能远远大于死本能的时候，这份激情就会成为生命的发动机，推动着我们生命的精彩绽放。

3. 其实，除了生本能之外，还有一个本能：健康的自恋。健康的自恋能让人自我欣赏、自我陶醉。当自己每完成一项成就，都会有着极大的愉悦感和成就感。这份自恋也是推动我们绽放精彩生命的另一个发动机。

三、布莱恩·魏斯论人生意义

2008 年，美国心理学博士魏斯出版了一本书叫《前世今生》，书中描述了他在给病人做催眠的时候，很多人都想起了自己前世的情形。书中还引经据典来进行各种论述，论证人死后有灵魂的问题，得到了很多人的支持。本书一上架，就马上成了全球畅销书。

魏斯认为，宇宙中的能量是守恒的，万事万物都遵循着能量守恒定律。所有的生命都来源于能量，最后又回归于能量。能量不灭，生命不息。宇宙中的总能量既不会增加，也不会减少。比如，我们吃了苹果，苹果"死"了吗？苹果的表现形式不存在了，可是苹果的本质——能量却转化了，转化成了我们体内的营养。碗里的水干了，水"死"了吗？消失掉的水，只是一种表现形式，水的本质转化成了水汽，上升到空中，等待下一次的循环。因此，我们看到一个人死了，只是作为人的载体死了，但灵魂还在，转化成了其他能量，滋润着万物的生长。

一个人若把生死看淡了，就肯定会活得自如。就不会太过于关注自身作为物质的存在，而产生各种疑心病的神经质倾向，转而去发展积极快乐、幸福喜悦的人生。

我们应该保持如初生婴儿般对世界的好奇心，来看待这个地球上的万事万物，这是一种很美妙的体验。生命太珍贵，不值得浪费在痛苦与悲伤中。我们应当好好享受美好的生命，自信快乐地生活。当遇到困难和挫折的时候，学会用豁达的心态去面对，永远不要轻易放弃自己的生命！

四、弗兰克尔论人生意义

人们时刻都在寻求意义，如果不能找到意义，就会有一种"存在虚无感"。弗兰克尔意义疗法的核心理念是：通过引导灵魂来找到生命活着的意义而疗愈心灵创伤。人活着的动力，主要是实现某种意义，而不仅仅是满足欲望和本能的需求。

心理学家弗兰克尔认为："人对意义的追寻会导致内心的紧张而非平衡。不过，这种紧张恰恰是精神健康的必要前提。世界上再没有别的能比知道自己的生活有意义更能有效地帮助人活下去。"

然而生命的意义在每个人、每一天、每一刻都有所不同，所以生命的意义不在于大众的普遍性，而在于某个特定时刻某个人特定的生命意义。我们没必要去追问抽象的生命意义，因为每个人都有自己独特的人生使命。

这个使命是别人无法替代的，而且无论是谁的生命，都不可能重新再来一遍。因此，每个人的人生使命都是独特的，完成这些使命的机缘也是唯一的。

由此，我们就会充分意识到自己的责任，认识到自己对所爱的人或者未竟的事业的责任，也就不会轻易抛弃自己的生命了。因为我们已经知道了自己为什么而存在，如何继续活下去。弗兰克尔追寻生命意义的途径主要有以下三个方面。

1. 通过创立某项工作或从事某种事业。

就如同中国古代，年纪轻轻就被立为太子或皇帝的人，无论他自己是否愿意，他都肩负着治国安邦、富强国家的人生使命。虽然安逸、舒服、衣食无忧是很多人都向往的，但一旦身为皇帝，就不可能轻闲和舒服。卫子夫对汉武帝说："陛下，您太过操劳了。"汉武帝说："我这是身为一个皇帝的职责！"由此想想，皇帝还真一个是非常难做的职业。

皇帝难做，年轻、阅历浅的皇帝更难做，历朝历代都有很年轻就被立为皇帝的人。身在其位的年轻皇帝，虽然锦衣玉食，但要成长为真正独步天下、展现雄才大略的皇帝，还真不容易。有些年轻、阅历浅的皇帝，贪图享乐，不敢与权臣硬碰硬，最终只能是浑浑噩噩、庸庸碌碌地过了一生。而有些皇帝，在当政之初虽不敢与权臣硬碰硬，但是后来，硬是展现出了一代天骄的雄才大略，比如汉武帝、康熙等。

2. 通过体验某种事情或面对某个人，比如爱一个人。

我们大部分普通人，遇到最多的困扰，大概就是关于爱了。我们爱着自己的父母、爱着自己的伴侣，爱着自己的孩子，爱着自己身边的人……我们的人生不仅仅是为自己而活，也需要为自己爱的人而活得精彩。你能为你爱的人所做的事情，就是努力活出自己的精彩。武志红说过："我们爱的所有人，都是为了爱自己。"

当某一天，你深情爱着的人与你天人永隔了。你的世界没有了他，为此似乎你的生命没有了意义。但他的离开也许是你必须要面对的一个人生课程。曾经爱过，那么他也一定希望你能够继续幸福地生活下去。如果他在另一个世界知道你过得如此痛苦，也会不安心的。在他走后，一定会有一些未竟的心愿，而你，可以去帮他完成这些心愿。这样，你们依然会有一种心心相印、灵犀相通的感觉。心中有爱，在哪里都不会孤独。

3. 在忍受不可避免的苦难时采取某种态度。

如果你身有残疾或患有某种疾病，那么你的人生使命就是积极乐观地活着，用不屈不挠面对生活各种挑战的精神去激励那些身心健康的人。让他们能够因你的向上精神而更加积极地面对自己的生活，同时也为人类创造出留传后世的精神财富。霍金如是，海伦·凯勒如是，他们的人生课题就是磨砺人类坚强的意志，体验与坎坷命运同行的自豪感！

霍金在 21 岁的时候，就被诊断为患有肌萎缩性脊髓侧索硬化症，俗称渐冻症，只有两年可活。虽然身体的多种器官慢慢地失去了功能，但是霍金用强大的意念让自己活了下来。霍金是继爱因斯坦之后最杰出的理论物理学家和当代最伟大的科学家，人类历史上最伟大的人物之一，被誉为"宇宙之王"。他的代表作品有《时间简史》《果壳中的宇宙》《大设计》等。在这个医学奇迹、科学奇迹中，支撑着霍金继续活下去的信念，大概就是他的科学研究了。

第三章

疗愈你的内在小孩

每个人的内在空间，都住着这样一个小孩：他有着深沉的恐惧和恐慌，非常没有安全感。内在小孩是我们在年幼时受伤破碎的部分，他深深地埋藏在我们每一个人的心中。

受伤的内在小孩不知所措地躲藏在洞穴里，带着怀疑的眼光来看世界。内在小孩愈受伤，心灵的坑洞也就愈大。你会发现自己不敢去爱、不敢去付出、怕失去健康、怕失去所爱的人、怕被人遗弃、怕被人忽略……

▊ 第一节　寻找受伤的内在小孩

一、什么是内在小孩?

每个人的内在空间，都住着这样一个小孩：他有着深沉的恐惧和恐慌，非常没有安全感。内在小孩是我们在年幼时受伤破碎的部分，他深深地埋藏在我们每一个人的心中。

每个人的心中，都住着一个内在小孩，这是一个如此需要被爱的孩子。他充满童真地望着这个世界，没有任何抗拒和防卫，没有任何戒备和评断。他一直保持着对这个世界无条件地接受和无止境的好奇心。

每个人的心中，都住着一个内在父母，那是如此理智的父母。内在小孩戴着有色眼镜看这个世界，因为多年来在做着别人让他做的事，小心翼翼地看别人的脸色过活，并且以别人看他的方式对待自己。

受伤的内在小孩不知所措地躲在洞穴里，带着怀疑的眼光来看世界。内在小孩愈受伤，心灵的坑洞也就愈大。此时，你会发现自己不敢去爱、不敢去付出、怕失去健康、怕失去所爱的人、怕被人遗弃、怕被人忽略……

在寻找内在小孩的过程中，可能会有许多的痛苦感受，会再次浮现。我们要学会照顾我们的内在小孩。当我们试着用爱去拥抱他的时候，他就不会再那么恐惧和害怕了。试着感受他的感受，再次体验当时的情绪，就有机会重新诠释当年的事件和疗愈当年的创伤。让我们把内在小孩带入我们的生命中，好好地珍爱他、疼惜他、爱护他！

二、内在小孩的防御策略

1. 过度追求完美

典型信念：我不够优秀！我不可以犯错！我不优秀不配活！

多数自我价值感低的人，会从防守的角度来安排自己的生活，从而不给他人以进攻自己的机会，方法之一就是过度追求完美。过度追求完美的人，就像是在旋转的笼子中奔跑的小仓鼠，永远奔跑，永远没有尽头。刚到手的奖杯还没有焐热，就又要去追逐下一个目标。他们只想取悦内在的成人，却对自己的感觉无动于衷。长期的过度追求完美，使得自己形成了强迫型人格，活得拧巴，不畅快！

2. 过度讨好他人

典型信念：我必须奉迎你、附和你、讨好你，否则我就会失去这个关系！

过度讨好他人的人，看起来十分友好，从来没有脾气，从来不会生气，讨人喜欢。但是，过度追求外在和谐、害怕得罪别人、害怕冲突的后果是，不敢表达自己真实的感觉和想法。但是，这股愤怒的情绪不会消失，它会在内心积蓄长大，慢慢地泛滥成灾，最终在自我撑不住的时候暴发，然后严重地破坏关系。

3. 高控制欲

典型信念：我必须掌控全局，否则这个事情就会失控，我也要任由你的摆布！

有些人非常害怕混乱、非常害怕受到伤害、非常害怕被控制。他们通过严格控制自己、严格控制身边的人，去战胜内心的恐惧和无安全感。狂热的高控制者自身的纪律性会很强。他们在严格控制自己的情况下，又严格控制伴侣和其他家庭成员。一旦身边的人，没有按照他既定的要求去做，就会严重抓狂，以至于发很大的脾气。

4. 攻击行为

典型信念：你们看不起我，我无法信任你们！我吃亏了，世界真可怕！

内心的假想敌对模式，会导致他们对幻觉中的攻击做出自卫。在他人还一脸茫然、莫名其妙的时候，他们就开始攻击对方。这些假想中的攻击，本来并不存在，只是来自内在小孩自身的投射。结果，在投射过后，外界也积极地响应了内在小孩的想法，变成了真正的攻击。事实上，外在的世界是由我们的信念形成的，善意引发善意，敌意引发敌意；喜欢引发喜欢，讨厌引发讨厌。

5. 不承担责任

典型信念：我很弱，没有独立性！我必须依赖一棵大树，才能活下去！

从小习惯于让别人替自己做决定的人，往往不知道自己想要什么，也不愿为自己的人生承担责任；如果是自己做的决定，就会怀疑这个决定可能不科学。总会无端地觉得，别人比自己优秀、比自己强。因为自己很弱，所以，让别人替自己做决定，一旦发生任何后果，就可以把责任推到别人身上，而且自己不需要承担任何责任。反正，无论如何，自己都不需要负责什么，以此来保护病态的自恋。

6. 病态自恋

典型信念：我很笨，我没有价值，我是个失败者，但是我不能让别人知道！

病态自恋者通常从小就形成了这样的信念："我没有价值！""我很糟糕！""我什么都不是！""我是一个失败者！"这些信念会让他们感到倍加沮丧，甚至绝望。为了保护病态自恋，就只有不遗余力地去构建一个虚假的自己。用虚假的卓越、虚幻的权力、脆弱的美貌、臆想的成功来达到让他人认可自己、赞赏自己的目的。而在这同时，也不忘贬低他人。

7. 伪装欺骗

典型信念：我很差劲，但是我必须适应这个环境，否则我就没有资格活！

有些人很擅长伪装和欺骗。他们把真实的自己严严实实地隐藏起来，然后给自己戴上一副假面具。在做事的时候，不是想着怎样把事情做好，而是想着别人会怎么看待他。如果哪天状态不好、形象不佳，就不愿意出门。明明不喜欢某人，却要装作很喜欢的样子。时间久了，面具和本身融为一体，连他自己都分不清，哪个才是真实的自己！

8. 成瘾行为

典型信念：我很痛苦，现在就想缓一下，乐一下！

上瘾，首先对应的是快感，不管是药物、酗酒、玩乐、购物、赌博等，都会释放出快乐因子多巴胺，让人感到快乐，让我们暂时忘记痛苦的事情。因此上瘾容易戒瘾难！上瘾的问题，在于上瘾带来的只是短暂快乐，但会最终造成长久的更加不快乐、更加痛苦。我们说，多巴胺的快乐是短暂且暴发性的，而血清素的愉悦却是长久而稳定的！

三、找到受伤的内在小孩

第一步：探望我们的内在小孩

请大家找一张小时候的照片，放在自己的面前，全身放松，注意呼吸，仔细看着小时候的你自己。

让我们在《时光倒流七十年》的音乐声中，循着时光的河流溯源而上，去探望小时候的自己。

如果你感觉到些微的寒冷、悲伤、忧郁等，那就是我们的内在小孩回来了。

想象我们的过去，牵着小时候自己的手、抚慰他、拥抱他。

用儿童式语言，尝试与小时候的自己说几句悄悄话。

如果这个小孩很不屑、很不耐烦、很抗拒，说明你忽略自己的内在小孩已经很久了。

如果内在小孩对你感到陌生、不信任你、不愿让你靠近，那么你远远地看着他就可以。

第二步：发现受伤的内在小孩

1. 请回忆一个发生在你与父母之间的真实情景。当时你很失落、很悲伤，你觉得自己被忽视、被伤害了，或者感觉很羞耻，但是爸爸／妈妈并没有理解你，还在继续责骂你、伤害你。

2. 现在，请用几个关键词分别描述爸爸妈妈负面的性格特点：妈妈是什么样的性格？爸爸是什么样的性格？

比如，古板的、冷漠的、负荷过重的、拘谨的、保护过度的、漠不关心的、软弱的、娇生惯养的、过分顺从的、前后矛盾的、缺乏独立性的、以自我为中心的、反复无常的、喜怒无常的、令人捉摸不透的、贪权的、忧心忡忡的、自夸的、傲慢的、过分严格的、缺乏理解力的、冷酷的、心不在焉的、吵闹的、咄咄逼人的、暴虐倾向严重的、粗野的、自私的、好偏激、好战的、口是心非的、说三道四……

3. 思考一下，你在原生家庭中，是否承担着什么特定的角色或隐形任务？

比如，让父母为你感到骄傲、照顾弟弟妹妹、将来传宗接代、将来给父母养老、做父母的感情调解员、成为父母的情绪配偶、成为父母的父母、光宗耀祖……

4. 回忆一下童年时期，自己经历过的不愉快经历，并思考当时自己承担了什么角色，有着什么样的隐形任务？

5. 写下爸爸妈妈嘴边经常念叨的一些让你感觉很不舒服的话：

比如："我为什么这么不开心，都是因为你！""为了你，我已经很多年没看过电影了！""我为你付出了那么多，牺牲了那么多！""你看看隔壁小明多么乖，再看看你自己！""你怎么这么笨！"……

6. 在纸上写下爸爸妈妈之间关系不好的地方：

比如，经常吵架，已经分居，妈妈在家有绝对话语权，爸爸基本是上隐形人，爸爸经常对妈妈使用暴力，爸爸经常骂妈妈，已经离婚……

7. 检视小时候自己常有的一些负面信念：

比如，有钱人都是坏人，我永远不如小明，我就是很笨，没有人喜欢我，这个世界是不可信任的，外面的人都是坏人，人性本恶，如果我不乖警察会来抓我，我今天多吃了一碗饭所以我有罪……

第三步：内在小孩受伤程度测试

以下是内在小孩受伤程度的测试问卷，请以【是】或者【否】来回答下面的问题：

（该测试来源于壹点灵网站）

1. 当我每次想到要尝试新的问题时，就会感到焦虑或害怕。

2. 我爱取悦别人，觉得没有自我的身份认同感。

3. 我的叛逆性很强，如果我在冲突当中我会充满活力。

4. 在我的内心深处，我觉得自己是有问题的。

5. 我特别爱保存东西，什么都不舍得扔掉。

6. 我觉得自己作为一个男人（女人），能力不足。

7. 我对自己的性别感到困惑。

8. 当我为自己辩护的时候，我会感到内疚，因此我宁愿委曲求全。

9. 我很难开始做新的事情。

10. 我很难放弃手头的工作。

11. 我极少有自己的想法。

12. 我一直在批判自己无能。

13. 我认为我自己是一个可怕的罪人，所以我担心死后会下地狱。

14. 我很刻板，追求完美。

15. 我觉得自己永远赶不上别人，做什么事都不对。

16. 我实在不知道自己想要什么。

17. 我被迫要做一个成功者。

18. 我觉得除了某些事之外，我这个人在很多时候是无足轻重的。

19. 我的生活很空虚，很多时候我都觉得沮丧。

20. 我不知道自己是谁，也不知道自己的价值。

【3道题以上，答案为"是"】

表示：你忽略自己的【内在小孩】很久了。

建议：勇敢地面对问题来源，你可以借由自我认识、成长等相关书籍、课程，或参与团体活动，逐渐让你的内在自我、外在自我更能均衡一下。

【5道题以上，答案为"是"】

表示：你的"内在小孩"受伤程度不轻。

建议：你需要照顾自己的"内在小孩"，排除那些限制和破坏我们幸福的信念和情绪。有机会的话，需要专业人士协助疗愈，与自己的内在小孩对话，相信对疗愈受伤的内在小孩会大有助益。

【10道题以上，答案为"是"】

表示：你的"内在小孩"受伤程度很重。

建议：你需要专业的疗愈，在疗愈师的引导下，运用专业的疗法，挖潜潜意识底层来自原生家庭的创伤，勇敢地面对，努力克服。

注：以上测试只是参考，并不是诊断。且需要在专业人员指导下进行测试。

第四步：直面受伤的内在小孩

1. 一旦你注意到自己情绪失控，觉得不安、紧张、焦虑、恐惧、悲伤，请立即直面这种状况，你的内在小孩需要你的关怀。悲悯自己，正视灵魂最深处的凄凉，告诉受伤的内在小孩："我与你同在，不要恐惧，我现在就站在你的身旁，陪伴着你！"

2. 一旦你为了爱和安全而依赖他人，你就是在索取他人的能量，而这常常会导致斗争和冲突。当你不肯为自己的人生负责，而要求他人为你负责时，你就把自己的人生，凌驾于他人的承载之上。我们最需要知道的是，爱从来不会降临在一个匮乏爱的人身上。只有你内心是充盈的，真正爱自己的时候，爱才会不请自来。

3. 解决孤独和恐惧，你需要转向内在，找到那个迷路的小孩，温柔地拥抱你的内在小孩，疗愈你的内在小孩。当你为内在小孩负起责任，做内在小孩的父母，重新养育自己，你和自己的关系就获得了自由。你也就能够慢慢地、渐渐地重新拥有爱和安全感。

4. 也许，这个内在小孩并不会立刻被疗愈。他伤得很深，以至于在你生活的方方面面都有他的身影，比如孤独、恐惧、被遗弃感、悲伤、抑郁……

你要审视自己心灵最深处的痛苦，把双手递给受伤的内在小孩，向他问好，站在他旁边，陪伴他，不要让他独自承受痛苦。你要告诉内在小孩："你是我生命的一部分，我接纳你，就像接纳阳光、空气、水分一样！"

第二节 与受伤的内在小孩对话

一、零极限祈祷

对不起：

自己对所发生的事情负百分百的责任，因为一切都是我们的内在世界创造的，整个世界都是我们的内心想象而成的。

我们在生命中所遭遇的一切事物，幸与不幸，都不存在。它们全都只是我们个人内在世界的投射。换句话说，全世界是我们创造的。

我们的每一个念头只是记忆档案中的资料，但那些念头、那些资料不是我们。

我们的原有面貌是清净无染的。唯有把所有记忆的档案清除，我们的自性才可能恢复清净。

请原谅：

维泰利的《零极限》一书里面说，每秒有几百万位元的数据透过我们的感官流进来，但我们的意识一秒钟只能处理大约 40 位元。也就是说我们的意识并没办法了解整个世界，它究竟发生了什么事情。当然也无法控制，更不可能让这个世界遵照自己的命令运转。

事实上，我们在创造自己的实相。所有事情的发生，都是因为我们透过自己的记忆，赋予了这件事情某个意义。

所以，我们可以用意识去选择自己想经历的事，学会放手，不去管它是真还是假，臣服自己的灵感才是关键。

谢谢你：

我相信，所有发生的事、所有遇到的人、所有的苦痛、所有的喜悦都是来帮助我完成人生功课的，都是上苍给我的珍贵的生命礼物。

宇宙以完美的方式运作，从完美到完美。就像淤泥对莲花而言，并不是诅咒，而是祝福；就像蚕茧对蝴蝶而言，并不是阻力，而是助力。每一个困难和障碍，事实上都是一种隐藏的祝福，都是上天最好的安排。

向自己表达感谢，表示信任，相信所有的问题都会以对每个相关者最好的方式获得解决。

我爱你：

呼唤神性的力量来清除相关的记忆，疗愈一切的伤痛。

让我们走向疗愈的通行证，就是那句简单的"我爱我"，向宇宙说"我爱你"，会清除我们内在的信息，这样我们就能够体验当下的零极限。

重点就是爱所有的事物，爱这多余的肥肉、爱这隐痛、爱这问题儿童，或是爱邻居、伴侣，总之，爱这一切。

爱会转化并释放堵塞的负能量，说"我爱我"，就能体验到宇宙的力量，就像说"芝麻开门"一样。

二、写给内在小孩的一封信

（该信由金尚改编自张芝华《拥抱你的内在小孩》[CD]）

亲爱的宝贝：

你悲伤时，我会把你的抱进怀里，轻轻抚慰；你落泪时，我会轻轻拭去你的泪水；你委屈时，我为你带来桂花的清香；你忧虑时，我讲故事逗你开心；你恐惧时，我陪在你身边，握住你的手。

当你生病的时候，我会在这里照顾你！当你一个人孤单的时候，我会在这里陪伴你！当你被全世界背弃的时候，我站在后面支持你！当你跌倒摔跤的时候，我伸出手扶你起来！当你感觉不被爱的时候，我是全世界最爱你的人！

好高兴你是个男孩 / 好高兴你是个女孩，你是全世界独一无二的，是亿万原始生命的冠军得主。你是我最心爱的宝贝，我看见你，听见你，感觉到你了。我爱你，真心爱你。

无论你长得高矮胖瘦，无论你是否顽皮不乖，无论你学习成绩好坏，无论你是否出人头地，我都无条件地接纳你、爱你。

请原谅我过去的无知，我正在学习如何爱你，请给我一点时间。

我责备你郁郁寡欢，因为我想要一个乐观开朗的性格；我责怪你不够好，因为我渴望得到别人的认同；我批评你不够努力，因为我渴望得到别人的嘉许；我用冷漠对待你，因为我感觉不到爱与被爱。

现在，我懂了，我们是安全的。我们值得拥有美好的生活，我们值得拥有一个好的工作，我们值得拥有一个幸福的家庭，我们值得拥有一个喜悦而丰盛的人生，我们值得被人欣赏、被人爱。

亲爱的宝贝，请给我一点时间，让我学会如何更爱你，对不起，请原谅，我爱你！

三、内在小孩写给你的一封信

（该信由金尚改编自张芝华《拥抱你的内在小孩》[CD]）

亲爱的大哥哥、大姐姐：

当我为你唱歌时，请别挑剔我五音不全；当我为你写诗时，请别批评我文字乏味；当我为你跳舞时，请别指责我四肢僵硬；当我做错事情时，请别责怪我又笨又蠢；当我发胖变丑时，请不要用冷漠对待我。请给我一点时间！

你责备我郁郁寡欢，是因为你想要一个乐观开朗的性格；你责怪我不够好，是因为你渴望得到别人的认同；你批评我不够努力，是因为你渴望得到别人的嘉许；你用冷漠对待我，是因为你感觉不到爱与被爱。请你看见我，听见我，感受到我！

从小到大，我总是担心自己不够好；从小到大，我总是期盼得到别人的认可；从小到大，我总是害怕不被接纳；从小到大，我总是害怕不被爱。请告诉我，只要是我为你做的一切，都会令你感到开心和幸福；也请告诉我，我不需要努力去做什么，你才会爱我。

当我悲伤时，你会把我抱进怀里，轻轻抚慰；当我落泪时，你会轻轻拭去我的泪水；当我委屈时，你会为我带来桂花的清香；当我忧虑时，你会讲故事逗我开心；当我恐惧时，你会陪在我身边，握住我的手！

我生病的时候，你会在这里照顾我；我一个人孤单的时候，你会在这里陪伴我；我被全世界背弃的时候，你会站在后面支持我；我跌倒摔跤的时候，你会伸出手扶我起来；我感觉不被爱的时候，你会是全世界最爱我的人！

请告诉我，我是你最心爱的宝贝，请看见我，听见我，感觉到我！

亲爱的大哥哥、大姐姐，请给我一点时间，我在学习如何长大，请你全然地接纳我、爱我！

第三节　拥抱受伤的内在小孩

一、承诺做内在小孩的父母

亲爱的宝贝：

我承诺，在任何情况下，我都愿意聆听你的需要，了解你的喜怒哀乐，爱你、疼惜你、照顾你！

———————————————

（签　名）（日期）

二、看见受伤的内在小孩

想象一下一个内在的小孩，获取一下一个恐惧和恐慌的小孩的能量，让自己完完全全地进入到你的内在空间，你现在就是那个受伤的小孩……

第一天上学的时候，我无可名状地感到恐惧和害怕，像是被丢在了一个孤岛上。我开始不依不饶地哭闹。

第二天，我仍然感受到被抛弃的恐惧和害怕，依旧哭闹不休。

第三天，我还是很恐惧和害怕，但不会哭得那么厉害了。

第四天，我虽然很害怕，但我不哭了。

可是，我那个小小的内在小孩觉得自己被抛弃了。

当我对某件事情不满，想要发表自己的观点和看法时，内在父母大声地喝住我："不能那样说，不能那样做，否则会受到很严厉的惩罚。"

第一次，我止住了自己想要说的话。

第二次，我微微地低下了头。

第三次，我把头都低下了。

第四次，我蹲了下去，眼睛里已失去了光彩。

是的，我受伤了，严重的内伤。

我想要做某件事情时，内在父母告诉我，我不懂事，不是个好孩子。

我不想要做某件事情时，内在父母告诉我，我不听话，是个坏孩子。

我茫然地找不到方向，内在父母告诉我，我是一个笨孩子。

我无助地想要寻求帮助，内在父母告诉我，是我不够勤奋和努力。

我开始不知所措，开始哭泣，一个人缩在角落里。

多少回，我想去追寻我的梦想，但是我的父母一定不会同意的，所以我亲手掐灭了梦想的星星之火。

多少回，我恨我的父母，但是《弟子规》说父母辛辛苦苦地把我养这么大，恨他们不道德，所以我恨我自己。

多少回，当别人靠近我时，我马上开启自卫防御，这个人是要干吗？要伤害我吗？

多少回，当我想要提出自己的看法时又吞了回去。因为别人曾经无视我的存在，我让一个个很有创意的思想熄灭了。

强烈的挫败感袭来，我把痛吞在了肚子里。

很寒冷，还有点儿饿，像是住在月球上。

三、和你的内在小孩在一起

闭上眼睛，慢慢地深呼吸，把你的注意力放在腹部的深处，你的内在小孩就住在里边。

你回到了童年居住的老房子。你看到了那个房子，你环视了一下房子四周。你走到房子的大门前，看着那扇门的模样。

你现在把门打开，进入房子里面。感受一下房子里的味道。看一看房子里面的陈设，看着客厅，看着卧室。这是你童年居住的房子，你在这里面玩耍过。

你看到一个小孩蜷缩在墙角，那是小时候的自己，一个受伤的小孩，在轻轻哭泣。

你现在就去拥抱他，拥抱这个需要爱的小孩，好好地爱他。你专注地聆听他，是什么事情让他觉得害怕、伤心、失望、受伤、孤单？你把他抱进怀里，就像母亲抱婴儿一般，轻轻地拭去他的泪水，抚摸他的头发，握住他的手。

告诉他："别害怕，有我在！"

告诉他："在你生病的时候，我会在这里照顾你；在你一个人孤单的时候，我会在这里陪伴你；在你被全世界背弃的时候，我会站在你身旁支持你；在你跌倒摔跤的时候，我会伸出手扶你起来；在你感觉不被爱的时候，我是全世界最爱你的人。"

向他承诺："亲爱的宝贝，我是来自未来的你。无论发生什么事，在任何情况下，我都愿意聆听你、了解你的需要、照顾你、陪伴你。我爱你，真心爱你。无论你是什么样子、什么状态，我都无条件地接纳你、爱你。"

告诉他："曾经历过的苦痛，我会和你一起面对，并将它疗愈。未来的路，可能还会有艰险，但会有美丽的风光。无论怎样，我会选择陪伴你。"

告诉他："你是安全的，你有一个美好而值得期待的未来。""你哭泣，我陪你哭泣。""你笑，我陪你笑。""你受伤，我陪你受伤。""你委屈，我陪你委屈。""你生气，我陪你生气。""你害怕，我陪你害怕。"

再来一遍："你哭泣，我陪你哭泣。""你笑，我陪你笑。""你受伤，我陪你受伤。""你委屈，我陪你委屈。""你生气，我陪你生气。""你害怕，我陪你害怕。"

现在你知道了，内在小孩就住在你的里面。只要你愿意，你随时可以进来，看到他、陪伴他、拥抱他、和他在一起。

好了，现在，你可以向内在小孩告别。

回到你的身体，慢慢打开你的眼睛，活动一下你的手脚。

第四节　疗愈受伤的内在小孩

一、让恨流动，快意恩仇

以下这几段话来自心理学家武志红的思想：

每个人作为一个能量体，都在不断地向外界发出各种信息，而每一个信息在关系中被人接住时，信息就会成为热情、创造力、爱。而当一个信息在向外发出时没有被人接住，这个信息就会变成黑色生命力，如冷酷、毁灭、恨。

人与人之间的连接有三种：我爱你，我恨你，我想了解你。爱是容纳、看见、连接；恨是拒绝、否认、切割。爱的对立面是，憋着爱，比如暗恋。恨的对立面，是憋着恨，比如卧底。

当我们不敢表达恨意时，就容易干一件非常糟糕的事情——把恨说成是爱，把自己的一切攻击甚至毁灭行为都说成是出于好意，出于爱。攻击性明显被压抑、很难表达恨意的人，都存在着婴儿式的对恨意的感知，担心自己的恨意会毁了世界。感知到这种可能，就会收敛起自己恨意的表达，不敢再展现攻击性，因而失去了活力。

如果爱也迟疑，恨也迟疑，总是处在纠结中，一个人就会活得非常憋屈难受。

我们要学习用语言在情绪层面,合理地表达恨意。人类的身心灵,本身就是一个大容器,容纳着这一切,不仅爱可以在其中流动,恨也一样可以。当恨意产生时,要承认这是恨意,并试着在关系中流动,它在关系中才容易被转化成爱。

武志红老师在《为何爱会伤人》一书中告诉我们,如果有爱,就真实去爱;如果有恨,就真实去恨。实际上,真爱也只能发生在两个真实的人的互动之间。

比昂说,人世间最好的活法,就是去爱、去恨,乃至快意恩仇。

二、宽恕他人,放过自己

意识以为智能是解决问题的人,可以控制要思考什么、要做什么、要经历什么,但实际上,在意识做出决定之前,决定就已经出现了。而智能对此毫不知情,意识也觉得莫名其妙。既不是智能,也不是意识,那么到底是谁在做主?

是潜意识吗?潜意识会模仿、重复播放经验里的记忆,并和这些记忆产生共鸣。潜意识的思想、行为、理解、感受、决定完全受经验里的记忆所摆布。所以,重播的记忆支配着潜意识和意识的一切经验感受。

人类在本质上只不过是高度精密的生化机械人而已。人们如何想、如何感觉、如何做,通常不是自己可以主控的。

我相信你在人类潜意识最深的地方是爱我的,相信你不是故意要伤害我,相信你自己也是处于痛苦和悔恨中。我了解,你承载爱的杯子是空的,所以,你没有办法给出你没有的东西。

我相信，你对待我的方式都是你所遭受过的。而且你还出于爱我而改良过，你曾经努力爱过。

当我感觉到痛的时候，我深深地知道，这些都是你幼年时曾经受过的痛，并且由于我的未开悟，我的孩子也受到过这样的痛。你给我的痛，是为了让我忆起你的痛和我孩子的痛。

最终的结局是这样，部分的我开始接纳我的内在父母，并且接受我和母亲之间的恨的流动、爱的流动。

三、臣服自己的生命

首先需要承认当初的那个不公平。

那是不公平的，我也是个孩子，我也想和小伙伴一起玩耍。现在却因为你自私的超生，我担负起了照顾弟弟妹妹的责任。

那是不公平的，我也是个美丽的女孩子，想要穿上漂亮的花裙子，和小伙伴一起扑蝴蝶。你却告诉我，做好家务才是最重要的。

那是不公平的，我也是一个神圣的生命，你却告诉我咱们不能和别人比。穿着别人不要的旧衣裳，从来没有过玩具，从来没吃过零食。

那是不公平的，你身为母亲，理应保护和守护好自己的孩子。可是，你的斥责和打骂，却让我陷入一个又一个的噩梦。

想象一下，在一片丛林中，我的腿受伤了，不能走路。但是我还想自救，所以我爬呀爬呀，爬过一寸寸高山，爬过一寸寸草地。虽然伤口一直在流血，但是也在不断地结痂。经过了九九八十一难，经历了漫长的黑暗，走了那么久，那么远，我终于来到了一个安全的地方。

一个小小孩，承受了那么多的委屈，那么多的压抑，那么多的痛苦，那么多的无奈，那么多的悲伤……

对当初那个小小孩来说，我是没有能力对抗那个环境的。我能做的最好的事情，就是保护好自己，活下来。我能活到现在，并且有机会来觉察和疗愈自己，有机会思考人生和生命的真实，这是我最伟大的成就。我欣赏自己是如此的顽强，感谢自己从来没有放弃……

现在，我臣服于自己是这样的一个生命。我完完全全地接纳自己的生命，同时也接纳母亲是我的母亲。

我放弃那些阻碍我与母亲连接的情绪、想法和行为，放弃一切阻挡我与母亲连接的障碍物。我正在放弃的是已经坏掉的食物，放弃来自我的能量中心。

放弃之后，我完完全全地臣服于自己的生命。

四、我为我的生命负责

据科学家统计，每秒有几百万位元的数据透过人们的感官流进大脑，但我们的意识一秒钟只能处理大约 40 个位元。也就是说我们的意识并没办法了解整个世界，它究竟发生了什么事情。当然也无法控制，更不可能让这个世界遵照自己的命令运转。

事实上，我们在创造自己的实相。所有事情的发生，都是因为我们透过自己的记忆，赋予了这件事情某个意义。

我们要对自己所发生的事情负百分百的责任，因为一切都是我们的内在世界创造的，整个世界都是我们的心想而成的。

我们在生命中所遭遇的一切事物，幸与不幸，都不存在。它们全都只是我们个人内在世界的投射。换句话说，全世界是我创造的。

我正在为选择我的母亲，我的母亲所拥有的一切，以及她的性格和气质特点负起全部的责任。因为我臣服于我的生命，我臣服于母亲是我的母亲。

发生在我生命中的事并不是我的错，但它是我的责任。对于我的现状，我不能怪罪任何人或任何事，我所能做的就是负起责任来，接受它、拥抱它、爱它……

我们的每一个念头只是记忆档案中的资料，但那些念头、那些资料不是我们。

所以，我们可以用意识去选择自己想经历的事，学会断舍离，不去管它是否真假，是否对错，因为本身也无谓真假、无谓对错，本来无一物，何处惹尘埃。臣服自己的生命，臣服自己的灵感才是关键。

五、一切都是最好的安排

一切发生在我生命中的事情，无论我现在认为是好的坏的，其实每一件事情都是上苍为我安排的经历。所有发生的事、所有遇到的人、所有的苦痛、所有的喜乐都是来帮助我完成人生功课的，都是上苍给我的珍贵的生命礼物。

宇宙以完美的方式运作，就像淤泥对莲花而言，并不是诅咒，而是祝福；就像蚕茧对蝴蝶而言，并不是阻力，而是助力。每一个困难和障碍，事实上都是一种隐藏的祝福，都是上天最好的安排。

真心感谢那些从表面看没有好处、让我成为受害者的经历。生活总会给我们答案，但不会马上把一切都告诉我们。感恩生命中的每一个遇见，我对自己所经历的一切负责，重点是我能够从每一个经历中领悟到什么，我能通过经历超越了什么，我的改变是否更能真实的反映，我心灵深处一直渴望成为的自己。

无论我遇见谁，都是对的人。无论发生什么事，那都是唯一会发生的事。不管事情开始于哪个时刻，都是对的时刻。已经结束的，就已经结束了。

一切都是最好的安排，感恩生命中所遭遇的一切。昨天受的苦，吃的亏，担的责，扛的罪，忍的痛，到最后都会变成光，照亮我前方的路。

感恩上天赐给我爱的能量，使我强大到足以疗愈我的内在小孩。

让爱流经我的心，到我母亲的心以及需要的其他地方，形成一个紧密的与母亲的连接。在与母亲的连接中，我正在与地球母亲连接。

感恩上苍的奇迹，爱的能量，让感恩从我的心，流向母亲的心，并用感恩充实自己。感谢母亲给我的礼物，没有给我的礼物……真切地得到感恩的力量、创造的能量……

我将从地球上得到更多的支持、更多的连接、更多的富足、更多的爱、更多的自由。

六、放下，疗愈一切

就像树木到了秋天，就要让叶子离去。如果树木不让叶子离去，将会最大限度地限制它的生长，直至死亡。因此放下的能量是一剂长生不老药，我们需要放下，我们需要爱与自由。

对不起，我接受发生在我生命中的一切。

请原谅，我请求宇宙帮助我原谅自己。

谢谢你，我感谢这一切最好的安排。

我爱你，我用爱来转化我内在所有的记忆。

我在说给自己听，而宇宙，会为我做出最好的安排。

我是一个舞台，上演过悲伤的剧情，但如果我愿意，我也可以邀请喜剧上台。

我是一个神圣的生命。那些经历、感受、观念都不是我。我有那些感受，但那些感受不等同于我。

我是这里唯一的主人，我可以呈现、经历和拥有这些，我可以把悲伤当作一个伏笔，然后，重新书写我的剧本。

让放下的能量从我的心，流向母亲的心，以及需要的地方……

让自己充满爱和自由。百分百地会有更好的未来……所以让它来……

我的梦想是什么？让我的梦想来，让它来取代我现在放下事物的位置。让我的梦想住进身体。

曾经的过往，一一消散……

我放下的正永远离开……

这里有一个空位……

把梦想放进来，放进来……

把美好的未来放进来，放进来……

很好……

第五节　回来吧，幸福的内在小孩

一、回来吧，幸福的内在婴儿

1. 婴儿期人生主题

婴儿指从出生到 1 岁之间的阶段。这个阶段的人生主题是信任 VS 不信任，主要任务是发展出对世界的基本信任。

若在这一阶段能够得到足够的安全感，比如肚饿时，有人来喂饱；受惊吓时，有人来拥抱；哭泣时，有人来安抚……孩子就会觉得自己生活在一个安全的地方，长大后会是一个开朗、乐观、信任他人的人。

而如果在这一阶段未能满足安全感的相关需要，长大后会对人多疑、不信任、没有安全感、对关系非常执着，可能会出现以下一些特征：

异乎寻常地害怕被遗弃。

拼命地想要寻找一个可以依赖的对象。

非常需要他人的照顾。

不能信任任何人。

相关成人心理障碍：竭力维持一段毁灭性的感情关系，并且表现出感情偏执的倾向……

2. 发展信任感

（1）抚触

通过哈洛对婴猴代母的实验，很多人已经知道了，抚触对于人类成长起着非常重要的作用。妈妈对婴儿身体的抚触，会让婴儿有安全感和愉悦感。可以说，抚触所带来的愉悦感是大脑和神经系统发育的基础。

如果在婴儿期没有被养育者抚触，婴儿的世界就会感觉到冷漠和不安，成年后可能会不知道如何与人相处。当被他人拥抱时，他可能会觉得难受，因为这会唤起他对这个世界不安全的感受。

（2）回应

婴儿需要通过妈妈的脸，确知自己的存在，因此当自己的每一项需要（吃、喝、拉、撒）都会有人积极响应时，那么这个婴儿就会对自己的生命有一份确定感，"我是可爱的，我是受欢迎的"。

相反，如果婴儿的每一项需要，基本上没有人给予回应，那么这个婴儿的内心就会是一片灰暗。无回应之地即是绝境。婴儿会觉得自己的生命无意义，"我不可爱，我不受欢迎"。

更严重的一种情况是，不仅不回应婴儿相应的需要，反而给与相反的回应，比如"哭了不抱，不哭才抱""婴儿挫折教育"，那就会让婴儿有一种自己被撕裂的感觉，为将来的精神分裂埋下可能的种子。

（3）映照

婴儿期的人类虽然没有进入意识层面的记忆，但是情绪和细胞会记忆所有发生的一切。6个月以前的婴儿都是全能自恋的，以为与妈妈是一体的，所以妈妈的情绪和感觉，婴儿都会有所察觉，并引起相应的感受。

比如一个幸福快乐的妈妈,在照料婴儿的时候,一直保持着幸福、喜悦、平和的心态,婴儿也会相应地洋溢着幸福快乐的笑脸和身体的幸福感觉。

相反,如果一个产后抑郁或极度焦虑的妈妈,在照料婴儿的时候,双眉紧皱、哭丧着脸、双手发抖,甚至生不如死,那么这些情绪婴儿也会照单全收。婴儿也会响应妈妈的情绪,呈现痛苦的表情和身体的痛苦记忆。

3. 寻回幸福的内在婴儿

找回幸福的内在婴儿,要做自己内在婴儿的父母,重新养育自己,你可以对你的内在婴儿反反复复地说以下的肯定语句:

在爸爸／妈妈爱的期盼中,你来了。你是我最心爱的小宝贝。无论你是什么样子,我都爱你。无论你是男孩女孩,我都爱你。我为你准备了婴儿车、婴儿衣、婴儿玩具。我喜欢照顾你,我喜欢看着你,我喜欢抱着你。你是爸爸／妈妈最心爱的小天使。和你在一起的每一天都是快乐无比的。无论你有什么样的需求,无论你要吃、要睡、要玩、要拉撒,爸爸／妈妈都积极地回应你。无论如何,我都会无条件地爱你!

二、回来吧,幸福的内在幼儿

1. 幼儿期人生主题

幼儿期指孩子 1 岁到 3 岁之间的阶段。这一阶段的人生主题是自主 VS 羞愧,人生任务是开始学习如何控制自己的生理机能,注意到身体的能力及限制。

若这一阶段孩子的需要得到满足，得到家长的支持及尊重，他就会获得一种充满自主能力的感觉，觉得自己对这个世界有一份影响力。

相反，如果这一阶段孩子的自主感需要不被满足，孩子在成长中要么被过度控制，要么被过度放任，长大后就会出现以下特征：

经常觉得自卑、无用、不可爱。

不相信自己有存在的理由。

认为自己必须依靠别人。

经常做出不恰当的道歉。

相关成人心理障碍：不知道自己真正需要什么，不能拒绝别人的要求，害怕有新的经验，害怕面对别人的愤怒。

2. 发展自主感

(1) 感情充电

当幼儿离开妈妈去玩玩具的时候，妈妈给予支持，并且孩子能够成功地拿到玩具玩耍。当幼儿想要回到妈妈怀抱的时候，妈妈一直都在，幼儿就会觉得自己对事物是有自主能力的。

这样就激发了幼儿进一步地发展好奇心和创造力。感情充电是人生创造力和冒险精神的源泉。反复的感情充电可以让幼儿的探索感和亲密感得到很好的平衡，为将来与人建立良好的人际关系打下比较好的基础。

(2) 养育者足够的包容

足够的包容，意味着养育者要承受孩子脱离自己探索世界时，内心的焦虑和担心；还要站在那里等待着孩子回来找自己感情充电。这对于很多父母来说，并不容易掌握程度。

过于被放任去探索，又不被给予情感充电的孩子，可能反而是害怕、担心、紧张、焦虑，以至于成年后害怕去探索、害怕去创造，因为那样会失去所爱。

而过于被担心、不被允许去探索的孩子，则会感觉到被控制感、压抑感、生命活力不能展现感，这会成为这个孩子将来对世界的感受。

（3）养育者保持情绪稳定

这一阶段的小孩往往比较淘气，想要获得养育者的亲密感，而又不想被亲密感控制。比如孩子会想尽办法吸引养育者的注意，当大人来抱他的时候，又把大人推开。孩子处在一个矛盾整合期，需要把与养育者的亲密与疏远整合起来。

如果养育者的情绪较为稳定，充分接纳孩子，孩子成年后的人际关系就能够很好地处理爱与自由的关系。相反，如果养育者心烦意乱、攻击小孩、骂孩子，不接纳孩子，那么孩子成年后的人际关系可能会在边界问题上含糊不清。

（4）发展客体恒常性

就是说孩子会认识到妈妈可能会在自己身边，也可能去上班、买菜了，但是妈妈不会消失，妈妈下班、买菜回来之后，就会出现在自己身边。

包括其他养育者，有满足孩子的时候，也有拒绝孩子的时候；有放任孩子的时候，也会有约束孩子的时候。但是孩子知道，他们会一直在，他们会一直爱自己。

这个客体恒常性，说的是孩子知道了世事不完美，对成年后的影响非常大，决定着人们对事物的接受态度，以及面对挫折的承受能力。

3. 寻回幸福的内在幼儿

找回幸福的内在幼儿，要做自己内在幼儿的父母，重新养育自己。你可以对你的内在幼儿反复地说以下的肯定语句：

小宝贝，妈妈一直爱你。当你要探索玩具的时候，妈妈支持你。当你要回到妈妈怀抱时，妈妈展开双臂欢迎你。你周围的世界是安全的。妈妈的爱和怀抱永远都在。无论如何，玩具和爱都不会离开你。当你说"不"的时候，妈妈支持你。很高兴你能做自己。我喜欢看你走路、说话、吃饭的样子。你的一举手一投足都是那么的可爱。事情不顺利的时候，你随时可以回到妈妈怀抱。妈妈的怀抱，永远都在向你敞开。妈妈会一直保护你、陪伴你。

三、回来吧，幸福的内在学前期

1. 学前期人生主题

学前期是 3 岁到 6 岁之间的阶段，这一阶段的人生主题是主动 VS 内疚，人生任务是发展出主动性、能够自主发展创造及按照自己的意思行事。

若这一阶段孩子的主动性需要得到满足，得到家长的支持，他会常常说出自己的想法，表达自己的情绪，并且会发展出一份对世界万事万物的好奇心。

相反，如果家长未能满足孩子的主动性需要，反而对孩子的好奇心和创造力给予惩罚，孩子就会觉得内疚，长大后可能会出现以下特征：

害怕犯错。

回避风险。

隐瞒错误。

经常对周围的人有歉疚感。

相关成人心理障碍：不能表达内心的真实感受，对周围的人际关系过分负责，不断地去讨好他人。

2. 发展主动性

（1）**爸爸是孩子追求独立的安全第三者，让孩子成功地进入三元关系。**

这一阶段爸爸的介入，可以让孩子从二元关系中，进入到三元关系。

这就可以让孩子知道，这个世界上不仅是有"我"和"你"，还有"他"的存在。也就是说，孩子会发现，妈妈有时候好，有时候坏；爸爸有时候好，有时候坏，但总的来说还是好的。自己有时候是好孩子，有时候是坏孩子，但总的来说是个好孩子。

三元关系没发展起来的孩子，会陷入二元关系中出不来，比如成年后陷入一段控制与反控制的共生恋爱关系中，想要挣脱没有勇气，想要继续又很艰难，最终活得很痛苦。

三元关系发展得很好的孩子，心里有一个爱人，有很好的亲密关系，但同时有着对世界的创造力和冒险精神，勇敢地去发展自己的社会角色，以及创造力、自我实现。

（2）**爸爸是帮助孩子知道"自己是谁"的性别参照物。**

学前期孩子开始有了性别意识，认识到爸爸妈妈之间的性别差异。大多数情况下，男孩会模仿爸爸的男性角色，女孩会模仿妈妈的女性角色。对于男孩来说，会把老爸当作榜样去学习如何成为一个男性。对于女孩来说，与爸爸的关系是第一段与男性建立的关系。如果老爸爱女儿，父女关系和谐，女儿长大后自尊水平也会比较高，会更加确定自己值得被爱。

无论是男孩还是女孩，父亲对待母亲的方式、父母之间的关系也是孩子眼中亲密关系最初的模板，最后会被传递到孩子的内在关系模式中。比如父亲对待伴侣是充满爱、彼此信任的、双方关系是亲密、有回应的，那么孩子就认为应该用同样的方式去爱一个人。相反，如果父亲用粗暴的方式对待母亲，行为中包含有情感暴力和肢体暴力，那么孩子就可能会认为这些行为是亲密关系中被女性允许的，未来他有可能也会用这种方式来对待伴侣。

(3) 父亲能帮助孩子提升拓宽世界、习得自我独立的能力。

我们说妈妈是给爱的，而爸爸是给世界的；妈妈是给安全感的，而爸爸是给创造力的。孩子与妈妈的关系，与将来孩子的人际关系、情感关系有关；孩子与爸爸的关系，与将来孩子的事业发展、赚取金钱有关。

妈妈对孩子多数是抚慰和使孩子平静下来，而爸爸则是引领孩子走向世界。一般情况下父亲的养育方式，是鼓励孩子独立、开放地面对外部世界，勇敢地面对不熟悉的环境，在面对困难时表现出较强的承受能力和修复力。

从长期来看，父亲能帮助孩子在陌生的环境中更无畏、更勇敢、更独立、更真诚地去发展和创造，同时帮助孩子在上学后和同伴间的竞争环境中，发展出很好的应对和解决冲突的能力。

3. 寻回幸福的内在学前期

找回幸福的内在学前期，要做自己内在学前期的父母，重新养育自己。你可以对你的内在学前期反复地说以下肯定语句：

宝贝，亲爱的小杰克，很高兴，你越来越喜欢和爸爸待在一起。爸爸拥有那么多的力量和能量，会是你人生最好的导航家。妈妈是给爱的，爸爸是给世界的。妈妈是给安全感的，爸爸是给创造力的。妈妈发现，你越来越勇敢，越来越有创造力。妈妈要告诉你，爱一直都在，世界也一直都在。你拥有爱和自由。在你得到爱、亲密感的同时，你可以去追逐你的人生梦想、自我实现。你的人生是幸福快乐的。你的人生是精彩纷呈、价值无限的。

四、回来吧，幸福的内在学龄期

1. 学龄期的人生课题

学龄期指6岁到12岁阶段，这一阶段的人生主题是勤奋VS自卑，人生任务是习得积极向上的动力。

若在这一阶段孩子的积极动力需要得到满足，老师和家长鼓励孩子学习，并承认每个孩子都有自己的长项，接纳孩子的个性多样化，孩子将会因鼓励而变得有生命激情和活力。

相反，如果这一阶段未能满足孩子积极动力的需要，经常严厉批评或忽略孩子，孩子就会不相信自己有能力，或者不会自觉地去做事，会产生不如他人、不配做某事的感觉，成年后可能会出现以下特征：

避免参与任何需要竞争的活动。

觉得自己不如别人。

深深地不配得感。

不会自觉自愿地去做事。

与此相关的成人心理障碍：凡事要求完美，经常性严重拖延，不知道要如何达到目标。

2. 发展勤奋感

（1）学校里的学业活动

孩子通过学业活动，习得各种有用的技能，获得对各种任务的掌控能力，还有学习成绩的肯定，而这些正是勤奋感的来源，也是建立"我能"感的基础。

孩子在学龄期能够在某项科目，或某几项科目上有优势，可以让他形成对自己的基本自信。成年后就会对自己的事业有信心，或者总是满怀正向的希望，哪怕是暂时性的落后，也不会动摇对自己的自信心。

（2）学校里的老师

在学龄期孩子的眼中，老师就是权威，是比父母厉害很多的人物。老师对孩子的期待和评价，很大程度上会决定孩子对自己的期待和评价。著名的罗森塔尔效应，说的就是权威期待对学龄期孩子的深远影响。

很多时候，孩子会因为喜欢一个老师而喜欢这个老师所授的科目，也会因为憎恨一个老师而放弃一门功课的学习。有时候，孩子还有可能因为老师的一句话，就决定了自己的人生理想，也有可能因为老师一个不恰当的惩罚，终生留有心理阴影。

（3）学校里的同伴

学龄期的孩子开始逐渐在意自己在同伴眼中的形象，会拿自己跟其他同学进行外貌、能力、行为上的比较。有时候孩子喜欢一项活动，往往是因为有其他同学参加了，想要和同学在一起。所以孩子有时候放学了还会赖在一起踢球、手工制作等，不肯回家。

这个阶段的孩子，能够被同伴接纳，融入到儿童集体当中，就能够很好地完成儿童社会化适应，成年后也能较容易地融入社会。相反，如果孩子总被同伴拒绝和排斥，就会导致孩子低自尊，成为"被拒绝的攻击性儿童"或"被拒绝的退缩性儿童"，随着年龄的增长，还有可能成为校园被霸陵的对象。

3. 寻回幸福的内在学龄期

找回幸福的内在学龄期，要做自己内在学龄期的父母，重新养育自己。你可以对你的内在学龄期反复地说以下肯定语句：

亲爱的小杰克，很高兴你喜欢围棋、象棋。很高兴你喜欢和小朋友一起玩耍。每个人都有自己的个性和天性，不可能项项优势，也不可能样样喜欢。只要你有一样是喜欢的，你就是在发展你的天性和创造力。世上没有所谓优生、差生的分别。我不会阻止你与喜欢的朋友交往，也不会拿你和别家的孩子相比。你已经是世界上最快乐的孩子。我别无所求，只愿你能够尽情地在地球上参观、学习、旅游，绽放生命的精彩，活出自己想要的人生。

五、回来吧，幸福的内在青春期

1. 青春期的人生主题

青春期是 12 岁到 18 岁的阶段，人生主题是自我同一性 VS 同一性混乱，人生任务是确知"我是谁，要到哪里去"。

若这一阶段的自我同一性成功建立起来，孩子就会去探索自己的梦想及自我实现，勇于尝试新的想法，会发展成一个喜欢自己、悦纳自己的人。

相反，如果这一阶段的自我同一性未被建立，家长既不相信孩子，也不引导孩子去探索，而是过早地强迫孩子进入一个他不认可的角色，成年后就会形成反叛的个性或成为一个轻浮的人，可能会有以下特征：

对自己的人生角色感到矛盾。

不能确定人生目标。

不恰当的青春期行为。

需要用外在的虚荣去肯定自己的身份。

与此相关的成人心理障碍：需要不断地谈恋爱，需要凭借财物、认识多少人、工作成就去确定自己的人生地位。

2. 建立自我同一性

（1）与自己的关系

认同自己的身体

随着第二性征的出现，青春期的孩子对自己身体是否认同非常重要。如果孩子认同自己的身体，喜欢自己身体的改变，身体的改变符合大众审美，孩子就会有一份对自我的认同。相反，如果自己身体的改变不符合大众审美，孩子不喜欢自己的身体，孩子就会有"自我是谁"的混乱感。

处理好与自己的关系

青春期的孩子，大多数还没发展出将来的人生方向和目标，很多时候会感觉到内心空虚和孤独，这确实会让人产生无尽的迷茫。

能很好地与自己相处的人，无论是独处还是在人群中，都会积极地探索自己，弄清楚自己是谁，要到哪里去。相反，不能与自己相处的人，会害怕孤独，总需要在人群或友人中，寻找存在感，对"自己是谁"的命题很容易钻牛角尖，可能会跟随同伴人云亦云、随波逐流。

（2）与父母的关系

青春期的孩子独立自主意识增强。

很多时候孩子都会有自己的看法和主张，不喜欢父母为自己做各种决定，更不喜欢父母过多地管束自己。他们更看重的是，同龄人是否认同自己。比如有些孩子会关上自己的房间门，不允许大人随便进出；不喜欢大人买的衣服，要自己去挑选；不喜欢老爸老妈安排的活动，喜欢和同龄人在一起活动……

对父母价值的去理想化。

孩子在幼年时会理想化自己的父母，而在青春期孩子的世界里不只有父母，还有老师、同伴，父母对孩子的影响渐渐减少。孩子还会发现，父母有时候说的话并不正确，很多领域的知识父母并不知道。孩子要逐渐放弃幼年时从父母那里习得的，某些不太合理的三观和为人世处方法，慢慢地重塑更适应社会发展的三观和为人处事方法。

（3）与同伴的关系

友情关系

青春期孩子的友谊，对其人格和自我同一性的发展，起着非常重要的作用。青春期的孩子，会把安全感底线的依恋对像从父母转换成朋友。

很多时候，当他们不安和烦恼时，往往会先向朋友寻求帮助。友谊同时也在塑造着青春期孩子的人生观、世界观、价值观。而孩子也会在多样化的思想、行为、三观中不断地比较、分析，最终寻找到更能适应社会发展的三观。

友敌关系

在青春期孩子中，还会出现互相竞争的关系，或者亦敌亦友的关系。比如两个都是来自农村家庭、读书很努力的女孩，在交往过程中，可能会把各自的优点、学习成绩在内心里，或摆在明面上比较一番。这种亦敌亦友的关系，会让孩子在既紧张又鞭策的环境中不断地进步。

爱慕关系

由于青春期身体的变化发展，以及性激素的分泌，孩子会对异性产生很多好奇、好感、想要接近、假装不屑等复杂的心理感觉，同时可能会在内心偷偷地爱慕一个异性。有些孩子可能还会明目张胆地爱恋。不过，是否明目张胆跟学校性质、学校风气等都有一定的关系。

3. 寻回幸福的内在青春期

找回幸福的内在青春期，要做自己内在青春期的父母，重新养育自己。你可以对你的内在青春期反复地说以下肯定语句：

亲爱的杰克，你已慢慢长大，有了自己的很多想法。我尊重你的想法。事实上，你远比我想象的要聪明、有见识。很多方面我不如你。我放手让你去发展学业和创造力。而当你需要帮助的时候，我会站出来，协助你解决难题。你做着你喜欢做的事，实现着自己想要实现的理想。你知道自己谁，要到哪里去，并且给自己做了很好的职业生涯规划。你就是你，独一无二、价值无限的你，不会因为外在衣饰的不同而减损半分。哪怕是在一片沙砾中，如钻石般的你，也能发出五彩缤纷的光芒。

第四章

疗愈你的身心灵

　　每一种疾病都是对某些情绪的表达。当我们压抑一些东西，不允许它在心理和灵性层面表达时，它就会通过身体症状来表达。可以说，每一种症状，都是在对自我说"不"。但是若我们不去倾听这种信息，身体就只好通过破坏性的方式来表达。所以，这个时候，身体的表达就非常有象征性。在不同的身体部位的病变，都会有着相应的情绪隐喻。

第一节　人类身心灵地图

一、身体知道心灵的答案

一个人的成长过程中，任何负面的感受和情绪，比如伤痛、悲伤、愤怒、孤独、遗弃感、自卑感等过去种种，不仅会记忆在脑，而且会记忆在身。

特别是小孩子，如果这个心理创伤强烈得无法直接去面对，情绪就会试图不去感受它们，开始启动"否认"或"隔离"的心理防御机制。个别孩子甚至还会出现失忆或多重人格障碍。当孩子长大成人之后，在人格面具的掩饰下，你似乎看不到那个创伤对这个孩子的影响。

然而，那个未被情绪认可的感受一直还在体内存活，然后以间接的方式显现出来，比如焦虑、抑郁、自残、暴力、酗酒等，因为身体从未忘记过。

身体是一个高精度配合默契的系统，每个部分都有它的运作，其连接性、合作性远远超出了我们的想象。也许我们太习惯了它自然发挥的功能而浑然不觉，直到某个部位有了病变的时候，才会意识到它的重要性，体会到这个部位为我们承担了什么。

"以貌取人"是对的，躯体形象的确是心灵的一面镜子，很忠实地将我们内在的思想与体验具体地显现出来。当人们的某个部位要生病时，疾病的第一信号，往往不是体温上升、体重减轻，而是开始感觉到了不快乐、生活没有激情、没有愉悦感、很丧。

每一种疾病都是对某些情绪的表达。当我们压抑一些东西，不允许它在心理和灵性层面表达时，它就会通过身体症状来表达。可以说，每一种症状，都是在对自我说"不"。但是我们不去倾听这种信息，身体就只好通过破坏性的方式来表达。所以，这个时候，身体的表达就非常有象征性，在不同的身体部位的病变，都会有着相应的情绪隐喻。

如果身体会说话，当发生身体病变时，请你冥想一下：

这个症状的感觉是什么样的？

这个症状在诉求什么？

如果这个症状会说话，它想告诉我什么？

二、身体与情绪的对应关系

1. 头部

（1）头晕

当人对一个情境失去了掌控力，而只能听任情境对自己的反刍时，就容易感到头晕。

头晕就是人对全局、对当前所有事情的失控。

比如，当人坐车时，如果有对陌生环境的不信任、对驾驶员的不信任、不安全感等，就容易晕车。相反，如果你自己是驾驶员，因为对全局有掌控力，就不会晕车。

（2）习惯性头痛

习惯性头痛，就是一个想法与另一个想法在头脑里打架。

可能是旧的价值观已无法适应困境，而新的价值观还没有建立。也可能是已有一套敷衍的价值观，但是还没有勇气接受新的价值观。

头脑希望"想出"个解决之道，但内在声音太过纷杂。可能一个要他往东，另一个却要他往西；一个告诉他可行，另一个却严厉警告他不可以。

（3）偏头痛、紧张性头痛

头是我们最敏锐的警告系统。

当人遇到比较麻烦的人或事时，时常会说，"这事让人头痛""你让我头痛"。当人们在说类似的话时，内在的感觉很容易就会转化成身体的疾痛——真正的头痛。

只愿意接受理性，不愿意接受感性；太多的理性思考，而忽略了情绪的真实感受；伴随过多思虑，而隐含的情绪却不能表达，在遇到事情发生时，就容易产生头痛。

就相当于我们把身心的工作，全部分配给大脑，试图让头部解决所有的问题，头部成了情绪问题的避难所。

2. 感觉器官

（1）面部

面部是自我意识的核心，代表着内心以及面对外在世界时的面具，是我们最具社会化的层面。裸露在外，与外界进行沟通，代表了观点、立场、价值观的所在。

面部与面子有关。面部过敏或皮肤状况不好，可能是当事人对自己有着较多的苛责、不满、否定。

人体左右代表的系统是不一样的。面部左右状况差别较大的人，可能受了家庭系统中某些重大事情的影响。通常左边是与母系家族有关，而右边是与父系家族有关。

（2）眼睛

眼睛出现眼疾或视力模糊、视力下降等，可能是当事人因为某种压力，而不愿意看到某些情境，代表的是"不想看、不爱看"。

（3）耳朵

如果当事人对某些信息有抗拒、厌恶、受冲击很大的情况，耳朵可能会发生暂时性失聪、选择性听不见、针扎样疼痛等情况，代表的是"不想听、不爱听"。

（4）皮肤

皮肤是人与人之间的界限，要接近一个人，就必须越过皮肤这个界限。

青春痘：是想爆发又企图自我阻止的性欲和情感，让自己没有魅力，阻碍与异性的交往；防御自我，使性欲和情感不能顺利表达。

皮肤癣：退缩、封闭、不敢爱，因为害怕受到伤害，皮肤就用这种方式防卫，以此保护自己。癣像盔甲一样防御着外界，保护着我们内心的脆弱。

皮肤痒：某些问题明明在烦扰着我们，而意识层面却忽略了它。皮肤痒就把问题转移到你身上，提醒你，有一个问题需要你去解决。抓痒动作表示找出烦扰我们的问题，一旦找到让我们烦扰的问题是什么，皮肤就不会那么痒了。

3. 其他慢性疼痛

（1）颈椎

颈椎是融合潜意识之门，有连接系统的承上启下功能。颈椎有问题，表示思想不愿意臣服于身心系统的决定。

如果一件事情已经发生了，当事人却还在一味地否认、拒绝接受，以敌对的态度来面对已经发生了的事情，就容易有颈部的僵硬、麻木、疼痛的症状。

颈椎疼痛，往往表示对某个事情的不认可、不愿放下、不原谅，这个事情的对象，可能是他人，也可能是自己，还可能是某一件事。

（2）肩膀

当我们肩负着太多的责任时，肩膀就会不由自主地紧张起来。

肩膀代表着承担责任和产生行动力的地方。肩膀有问题，意味着肩膀上的责任过多、压力过大、不堪重负，以至于行动受阻，没法完成正常的工作。

高耸的肩膀：表示常常处于恐惧之中。

浑圆弓形的肩膀：代表承受了过多的重担。

向前收缩的肩膀：反映出长期的自我保护，害怕受伤的态度。

向后撤退的肩膀：内心有着太多的愤怒，却强迫自己不要发脾气。

（3）后背

如果肩膀不足以承担重担，就势必要背部来参与分担。所以，通常肩膀僵硬的人，背部也不会轻松，甚至还连带颈椎问题。如果背部厚实，从侧面看有鼓起的姿态，可能当事人有系统性的问题。

上背部：与爱和情感支持有关。

中背部：与内疚情绪有关。

下背部：与缺乏金钱有关。

（4）腰椎

腰椎是身体的中枢，大有中流砥柱之意。

腰椎疼痛代表：应当承担的责任或义务，做不了、做不到、不想做、不愿意做。通常是面对工作、事业、家庭的变化压力时，没有人可以帮到自己，只能自己一个人扛着，不堪重负。

身体借助腰椎的疼痛，向外界传达一个信息：我现在病了，我坚持不下去了，我需要休息，我需要关心。

4. 部分内脏器官

胃部

胃部是人体最情绪化的器官，人类在情绪不好的时候，就会吃不下饭。几乎所有的情绪都可以在胃部集结，过去强烈的、压抑的、长期不能抒发的种种情绪记忆都会留存在胃部的细胞里。

当人们在工作或生活中，遇到无法接受的事情时，就容易出现胃溃疡等疾病。

胃部疾病代表：对世界、人生、社会、现实、同事、朋友、某些人、某些事、某些行为不能接受、无法接受。

三、信念改变心灵基因

1. 信任你的身体

近代量子物理学家说："我们的身体其实就是思想的产物。医学上，我们已经开始了解，思想和情感的状态确实会影响身体的物质、结构和功能。"

表观遗传学科学家指出："遗传密码虽然无法改变，但是基因却可能被饮食、信念、生活形态所影响。"

"人会成为他自己所想的样子"，人的信念是一股强大的创造力、转化力，就连基因也受控于人的信念。当我们确立了正确的信念，并且勇于正视现实，臣服当下，然后不断地进行积极快乐的正面冥想和自我催眠，就能够影响基因表现和基因运作，从而改变我们的生命状态。

我们要相信，宇宙有一个力量在保护着我们。我们是宇宙的孩子。宇宙爱着每一个孩子，恩宠着每一个孩子。人类的灵魂本来就不会生病，是完全健康的。当我们自由联想、催眠、冥想的时候，我们会发现，我们的心灵是百分百健康的。

这是一个信念。这个信念会给人们带来平安和幸福，并且转变成内在的声音，开始对整个身心发挥作用。这个内在声音发挥作用，有三种方法：

自由联想：任凭思绪飞翔，凭想象直接感受到出现在脑海中的任何事物。但无论如何，都要有一个信念："我是百分百健康，不会生病的。"

催眠：可以请心理师帮忙做催眠，也可以自我催眠，把"我是百分百健康，不会生病的"的信念，直接植入到脑海中。

冥想：可以借助一些现成的冥想音频，冥想自己的"身体百分百健康，不会生病"；也可以针对某一个部位，进行专门的冥想。

2. 疏通细胞能量

科学家桑德拉·巴雷特说，我们的信念，可以改变细胞和基因的实相，因为细胞就是我们，我们就是细胞。

我们内心的每一个想法，包括不欲人知的秘密，细胞都会有生理反应。我们把想法藏于心底，瞒着家人、朋友、同学、同事，但是绝对瞒不过细胞。细胞能听懂情绪里的所有对话，还能听到心灵中的窃窃私语。

细胞具有倾听能力。当我们以感恩和爱护的态度发送信息，它们就会以感激和爱护的方式接收信息，让我们的生命更加的幸福快乐。

细胞是活在当下的。如果我们的想法还停留在过去的负面情绪中，细胞就会接收到痛苦、抑郁的信息，然后回馈我们以疾病状态的表达，让人生病。

生命即细胞，细胞即我们全息的生命。我们的每一个细胞和分子，就是我们的生命整体，就是我们生命的表达。

斯坦福大学的神经科学家卡尔·普里布拉姆指出，信息是以"波"的形式存在于全身各处，所有波都可以传遍全身。当启动信息的某一个片断，其他部分的细胞就会通过"波"，将"信息"传播出来。比如，当我们在观察一弯月亮时，这个影像会让大脑发送脉冲至无数的感觉神经元，并触发一系列的连锁反应，遍及全身上下的每一个细胞。

所以，我们可以想象，体内细胞与细胞之间的通路，是畅通无阻的；我们全身上下的经络都是四通八达、畅通无阻的；我们体内的血液也是红细胞充足、携氧丰富、畅通无阻的；正因如此，我们的想象力、创造力更是突破信念限制、畅通无阻的……

3. 正视爱与自由的需求

很多人之所以得了某个疾病，是想要得到爱与自由。

所以，可以用以下祈祷词，进行冥想宣言：

我明白了，人类之所以存在，是因为爱和自由。我愿意放下伪装的坚强。我愿意展现最真实的自我，吸纳大自然和宇宙中爱的能量。我拥有爱和自由。我能够不侵犯别人的边界，也不让别人来侵犯我的边界。我解放过去压在我身上的一切。它们自由了，我也自由了。我会轻松地、灵活地观察每一个问题的各个方面。做一件事情可以采用无数方法。观察一件事情可以采用无数角度。我所有的生活体验是轻松和愉快的。生活本身支持着我，宇宙支持着我。我自信而高傲地站立着。我爱自己，赞同自己。我很安全，所有压力都消散了。奇迹每天都在发生，我的生活一天比一天好。我丢弃内心里造成这一切的思维模式。我现在接受一个神奇的康复过程。

第二节　秘密背后的秘密

一部《秘密》，揭开了宇宙最有力量的法则——吸引力法则，就像阿拉丁神灯的巨人一样，对我们有求必应，可以带给你任何你想要的幸福、健康、财富、人际关系。

吸引力法则到底是什么呢？

量子力学揭示：一切物质都是由原子构成的，而且每一个原子都有一个原子核，原子核之外则是旋转着的电子。电子总是以特定的能量围绕着原子核旋转，以确保原子的稳定状态。事实已经表明，如果一个领域的物理法则可以被观察到，那么这种法则也适用于思想领域。

很多人不知道思想是有频率的。每种思想都有一个频率，我们可以感觉到这个思想。也就是说，如果你重复地思考一个想法，你就会持续地发射出对应的频率。思想不断地发射这种带有磁性的频率，这个频率会把相似的东西吸引过来。

这个吸引力法则，也叫自然法则，是宇宙法则之一。正面的频率吸引正面的事物，负面的频率吸引负面的事物。所有的物质都是由能量组成的。不管你的感觉如何，吸引力法则一直都存在，永远毫无差别地响应你的振动频率。

从你出生开始，吸引力法则就在你身上发挥作用。其实每个人都是心想事成的大使，你身边所有的人和事都是你自己吸引而来的。现在，我们要运用这个吸引力法则把你想要的东西吸引过来。

心想事成，到底难不难？仔细探究，只要你按照吸引力法则的三大步骤来做，一点都不难！

一、我想要

这个步骤就是向宇宙发出订单，发订单的时候要感觉你想要的东西已经实现，已经是你的了。具体有三个要点：

1. 必须是现实中有可能达成的愿望

换句话说，就是想要的事物必须是在现实中有可能实现的，而不是凭空想象的，要有现实依据。

比如一般情况下，教授文学的教师有可能想象自己成为一代名师后的情景，却不太有可能想象成为一代名医的情景。

因为当你想要一个不真实的事物时，会感觉自欺欺人，同时会产生怀疑的负面能量。

2. 要正面的情绪和正面的句子

要充满喜悦地想着目标已经达成的景象，你就会启动吸引力法则。相反，如果你处于不好的情绪当中，也会吸引你不想要的事情到你的生活中。

避免"不要""不能""不会"等否定词语，比如"我今年不要生病"，应该改成"我今年要健健康康"。也就是说，要把愿望用正面的语言来描述，而不是负面的描述。

宇宙不会区分好的还是坏的，正面的还是负面的。它只会忠实地响应的你的思想和意念。

3. 必须是操之在己的

换句话说，像中大乐透这种心愿，并非操之在己。因此，无论意念多么强烈，很抱歉，也无法成真。

再比如："我希望××帅哥注意我"改成"我希望和××帅哥有个美丽的相遇"。

简单地说，吸引力法则不能控制别人，只能从自己出发。

二、我相信

在相信你已经拥有它的时候，整个宇宙就会转变，把它带到你的世界里来。你的所思、所言、所行，都要像已经拥有了一样。宇宙是一面镜子，而吸引力法则就映照出你的思想，所以你要相信，你已经拥有了你想要的东西。

1. 通过愿景的自我确认，增强对愿望的频率和能量。

许愿文：将心愿写下来，并详加描述希望它带给你的感觉，如有自信、受人重视、富足等。

愿景板：将自己希望拥有的东西（名车、爱人等）的照片，贴在海报或是布告板上，放在经常看得见的地方，并进行观想。

观想：在脑海中想象一个"你已经实现梦想"的画面，并且仔细体会它带给你的愉悦感受。

2. 保持思想频率的正能量振动。

一旦事与愿违，焦点就会转移到负面想法。所以要时刻提醒自己，维持正能量的振动。

乐观的现实感：允许自己从实现小心愿着手，再逐步调高难度，关键是一路保持乐观，发挥正向吸引力。

聚焦在美好的事物：例如不要将焦点放在"减重"，而是放在你理想的"完美体重"上，试着感受你拥有完美体重时的感觉。

重播美好的情景：当你感到不如意的时候，请改用让你感到快乐喜悦的情景，在心中"重播"一次。

三、我行动

1. 感觉即将拥用

你要感觉很好：你已经上路了，感觉你正在接收你希望拥有的东西，或是正逐渐成为你希望的形象。接收的感觉将加速让你心想事成。

要说"我决定……"：例如，"我决定拥有一个健康、快乐的关系""我决定要升职加薪"。当你说出"我决定……"时会散发出强大的正面能量。

模拟未来生活：以减重的人来说，既然你已向完美体重迈进，就不应该再去购买目前体型所穿的衣服。想要更富裕的人，应该刻意地去看喜欢的东西，并且对自己说："我付得起，我可以买下它。"

2. 接收

在"我要求""我相信"之后，就去接收，你只要去感觉就好。当你感觉很好的时候，你就处于接收的频率，就处在美好事物向你而来的频率上，而且你将会得到你想要的。

对自己说："我现在就在接收它。""我现在就在接收我生命中的一切美好事物。我现在就在接收……"然后去感觉它，去感觉好像你已经接收到它一样。

把生命比作一股急速流动的河水。当你的行动是为了让某件事情发生，那感觉就如逆流而上，会很艰难。而当你的行动是向宇宙接收，那感觉将犹如顺流而下，毫不费力。这就是处在吸引力法则中的感觉。

如果大家喜欢去书店，很快就会发现吸引力法则的第二部《魔力》、第三部《力量》。什么是魔力？什么是力量呢？

《魔力》讲的是人们要常怀感恩之心，就能够逐渐原谅那些与自己有过结怨甚至心灵痛楚的人和事，会让自己的心胸变得更加宽阔，从而更好地运作吸引力法则。

《力量》讲的是爱是吸引力法则的核心，只有爱才能够真正领悟吸引力法则。

从现在开始，在大脑里发动潜意识，告诉你的潜意识：别害怕，整个宇宙都是你的后盾。把你的担心、自卑、恐惧，完全转化为你的理想、成功、快乐。记住，需要能量灌溉的是你的美好人生，而不是过去或眼前的挫折。勇往直前，宇宙是站在你这边的。

最后记得，心想，可以事成。

第三节　信念创造实相

一、改变你的不合理信念

曾经听过一个故事，说的是有一位老太太，含辛茹苦地把两个儿子抚养大。两个儿子成家立业后，一个儿子卖伞，一个儿子卖盐。两个儿子做了买卖后，老太太没有一天开心过，天晴的时候担心卖伞的儿子卖不出去伞，下雨时则担心卖盐的儿子晒不干盐，所以，成天愁眉苦脸。一天，有一位智者从老太太的门前路过，看见她闷闷不乐的样子就问她为何这样，老太太如实告知。智者笑了，说："我给你开个方子，保管你天天都高兴。"智者接着说："你何不反过来想一想，天晴的时候，卖盐的儿子一定会晒干很多盐，下雨的时候，卖伞的儿子一定会卖很多伞。这样一想，岂不是天天都是高兴的事吗?!"从此以后，老太太的脸上露出了笑颜。

这就是著名的埃利斯情绪 ABC 理论。现实中，很多人会常有一些不合理的信念。这些不合理信念的特征是绝对化要求、过分概括化或糟糕至极。要想治愈抑郁症，重新走向阳光、自信和快乐，必须重新建立合理的信念。

我们应该学会自己跟不合理信念进行辩驳，发现自己的不合理之处，然后重新建立合理的信念。人们常有的不合理信念有如下 11 种：

1. 一个人应该被周围的人喜欢和称赞，尤其是生活中重要的他人。

D（辩驳）——这是不可能实现的。任何人都不可能得到所有人的喜欢和认同。就连我们最喜欢的刘亦菲、范冰冰都不可能得到所有人的喜欢。生活中的重要他人，也不可能永永远远都对自己持绝对喜爱和赞许的态度。带有这种不合理信念的人，就很可能委曲求全来取悦他人，以此来得到他人的喜欢和赞赏，但结果肯定会使自己沮丧和受挫，受情绪困扰。

E（合理信念）——一个人只要不被周围所有的人否定和排斥，就可以肯定自己是受欢迎的。

2. 一个人必须能力十足，各方面都有成就，这样才有价值。

D（辩驳）——这是不切实际的。世界上没有十全十美、永远成功的人。一个人可能在某方面很有优势，但在另一方面可能不如别人。就算一个人曾经成功过，也无法保证以后在每一件事上都能成功。持有这种信念的人，就会经常为永远无法实现的目标而悲伤感叹。

E（合理信念）——人的精力是有限的。能在某方面有所成就，人生就是有价值的。

3. 那些邪恶可憎的人，都应该受到严厉的惩罚。

D（辩驳）——这个世界没有绝对的好人，也没有绝对的坏人，不能因他人一时之误就认定他是坏人，以致要受到严厉的惩罚。而且，有些可憎的人只是违反了道德规范，并没有触犯法律，法律无法惩罚他。就像埃利斯所说："每个人都应该接受自己和他是有可能犯错误的人类的一员。"

E（合理信念）——人人都有可能犯错误，对那些犯错误的人要宽容以待。

4. 当事情不如意的时候，是很可怕，也是很悲惨的。

D（辩驳）——一个人不可能永远成功，生活和事业上的不如意是家常便饭，关键是如何看待它。如果一遇挫折就感到十分悲惨，那么只会导致受情绪困扰，使事情更悲惨。如果能积极地寻求解决之道，那么挫折将会变成一笔无形的财富。经历过痛苦和失败之后，才会吸取教训，走向成功。

E（合理信念）——受挫是很正常的事，没有什么可怕的。不喜欢某事，可以试着去改变它。如果无能为力，那就试着接受它。

5. 不幸福、不快乐是外在因素所造成的，个人无法控制。

D（辩驳）——引起个人情绪体验的不是某件事本身，而是对这件事的看法和信念。佛教里所说，思想创造实相，就是这个意思。对于半杯水，悲观的人说"我只有半杯水"，乐观的人说"我还有半杯水"。同一件事，不同的人来看，就会有不同的感受。同一件事，同一个人，不同的心态来看，也会有不同的感受。

E（合理信念）——造成我们情绪困扰的原因，不是这件事情的本身，而是对这件事情的看法。改变看法，就能改变情绪状态。

6. 我们必须非常关心危险可怕的事情，而且必须时时刻刻忧虑，并注意它可能再次发生。

D（辩驳）——对危险和可怕的事情有一定的心理准备是正确的，但过分的忧虑则是非理性的。当人生的焦点一直集中在危险可怕的事情上时，我们就会忘了欣赏路边的风景，忘了享受生命中的美好，很难获得幸福感。杞人忧天只会让生活变得痛苦沉闷，活在当下才是生命应有的状态。

E（合理信念）——对危险可怕的事情要有一定的心理准备，但是不需要过分忧虑。

7. 面对困难和责任是件不容易的事，不如逃避。

D（辩驳）——当鸵鸟远远地看到鹰俯冲下来，要吃它的时候，就把头深深地埋进沙子里。结果，还是被鹰吃了。鸵鸟以为看不到，就不存在，但实际上困难还在那里。逃避并不能解决问题，反而延误了解决问题的最佳时机，从而导致更为严重的情绪困扰。世界上没有谁可以为另一个人的幸福和快乐负责，自己的人生，只能由自己负责。

E（合理信念）——逃避只是暂时摆脱了不愉快，但不能真正解决问题。自己的问题和自己应承担的责任，必须要去面对。

8．一个人应该依靠他人，且需要找一个比自己强的人来依靠。

D（辩驳）——你饿的时候，任何人吃饱也不能解决你的饿；你渴的时候，任何人喝水都不能解决你的渴；你困的时候，任何人的酣然大睡也不能解决你的困。蚕宝宝要破茧的时候，如果你帮助它用剪刀把茧剪破，那么它扑楞几下翅膀就可能死了。世界上，没有哪一匹马，可以驮着你的灵魂，离开你的身体。你的很多事情，只能依靠你自己。

E（合理信念）——每个人都是一个独立的个体。别人只能在某些方面帮助你，但不能代替你生活。安全感的获得还是得靠自己能独立自主。

9．过去的经验决定了现在，而且是永远无法改变的。

D（辩驳）——每个人都会有过去的一些经验，有些是好的，有些是不好的。但是我们可以选择它们对我们的影响，尽量看到正向的、积极的、美好的记忆。我们该以睿智的眼光，来体会生命的充实与富足。要有向日葵的心态：即使举沮丧，仍然向上。

E（合理信念）——过去已成历史，但并不决定现在和将来，人通过自身的能力是可以改变现状的。

10. 我们应该关心他人的问题，也要为他人的问题感到悲伤难过。

D（辩驳）——每个人都是独立的个体，都有着独立的思想和处理事情的方式。每个人都有自己的空间界限，没必要让自己过多地卷入与他人的关系之中。在这个世界上，没有谁可以为另一个人的生命负责，也没有谁可以为另一个人的幸福和快乐负责。良好的人际关系，要知道如何取得亲密与自由之间的平衡。

E（合理信念）——对于他人的问题，我们可以表示关心和同情，有能力时不妨伸出援手，但如果帮不上忙，也不必过多地牵涉或是自责。

11. 人生中的每个问题，都有一个正确而完美的答案，一旦得不到答案就会很痛苦。

D（辩驳）——人生的问题总是层出不穷，有些问题有多个答案，但是有些问题不一定有答案，即使有，也不一定是正确而完美的答案。比如：人死后有没有灵魂？先生蛋还是先生鸡？对任何问题都要寻求完美的解决办法是不可能的事。如果坚持要寻求某种完美的答案，只会使自己感到失望和沮丧。

E（合理信念）——并不是所有的问题都会有正确而完美的答案，对于那些没有确定答案的问题不必穷究到底，更不必因为得不到完美答案而痛苦伤心。

二、改变内在的语言模式

1. "虽然"和"但是"换个位置

"虽然还能正常地做事情，但总觉得心理有些紧张"，如果把"虽然"和"但是"换个位置，"虽然觉得心理有些紧张，但还能正常地做事情"，意义就完全不一样了。

句子的重点在后半句，强调的是后半句的表述。因此，我们可以把积极乐观的、美好的放在前半句，消极的、不好的放在后半句。

类似的句子还有，"尽管……还是……""即使……也……""可是""却""不过""然而"等。

"虽然我承载着压力，但还算坚强的。"

"虽然有时候还有些许痛苦的感觉，但总体来说已经是进步很大了。"

"虽然也有不眠的夜晚，但我已经学会了如何解决。"

2."？"换成"！"

"我会好吗？""我还能好吗？""我可以做到吗？"换成"我会好！""我能好！""我可以做到！"意义完全不一样了，情绪也不同了。

我们的自信，可以在我们的自我肯定中增强。

行动之前自我肯定："我可以！"行动之后自我肯定："我做到了！"每次只要行动，只要自己尝试了、努力了，就要给自己一个大大的肯定。由此加深感觉和印象，让这种微不足道的成功，带来喜悦和成就的感觉。让这种"我能行！"的信念模式建立起来。

我们要不断地给自己肯定，事先不断鼓励，事后及时肯定。只要做了，不管是多么小的事情，也会让我们的内心不断地提升自我价值感。一次次提升，由微弱变得强大。

3.把"不能"换成"能"

"我吃不下""我不会好了""我做不到"换成"我能吃""我会好""我能做到"。感觉是不是不一样了？

不想吃饭的时候，就想"上顿我吃饭了"，这次我也能做到，不就是吃饭吗，又不是上刀山下火海。不愿意出门的时候，激烈地进行着思想斗争，"出"还是"不出"？天，你只要踏出门槛，就会有一种成就感，"我能做到"，那种感觉真是好极了。

身心疾病的治疗，从行动开始。

立即行动！

4. 问题才是问题，人不等于问题

问题才是问题，而人不等于问题。这样就可以把问题排除到人自身之外，是问题来侵扰了我，我要把它赶走，我是没有问题的。可以替问题起个名字，把问题比喻成一个事物，这样看起来，它就更像一个外来入侵者。

当我们感受到自己和问题分开时，就会摆脱无力感，感觉到自己是有力量去面对这个问题的。每一个人都是思考自己问题的专家。每一个人都有力量去处理自己的任何问题。举例如下：

(1)"我是一个没有能力的人，我没有勇气面对这个困难的挑战！"

新的语言模式——

"'惶恐'让我感觉自己没有能力，但是勇气是如何陪伴我面对这个困难的挑战呢？"

由此，引发自我思考和探索。

(2)"我们的夫妻关系遭透了，经常冷战！"

新的语言模式——

"'冲突'影响了我们夫妻的关系，'冷战'对我们的家庭生活带来了什么样的影响呢？"

由此，引发自我思考和探索。

(3)"我是个家庭主妇，没有工作，没有朋友，撑得很累！"

新的语言模式——

"'媳妇以夫家为主'难得的地方在哪里？再苦也要撑下去对我

的影响是什么?"

由此,引发自我思考和探索。

5. 寻找特殊意义事件

特殊意义事件是在你人生经验中,状态比较好的时刻,没有被抑郁影响到的方面,关于如何克服痛苦的方法等等。不需要是多么了不得的事件,可以来自过去,可以来自将来,可以是渴望、希望、梦想、期待、信念等,由自己决定什么是特殊意义事件。从特殊意义事件中可以挖掘出自己内在的力量。

"我曾经有过没让'痛苦'完全掌控自己的经验吗?""我有过克服'痛苦'的经历吗?"

引发自我思考和探索:

"有!"

"我是如何做到的?"

"我这种能力从哪里来的?"

"在生活中什么时候也有过这种能力?"

"我跟这个'痛苦'斗争了 10 年,真的很不容易。我是如何坚持下来的呢?"

通过自我思考和探索,找出做到这些行动所需要的特质或能力。然后设想,如果事情持续发展,生命将会往哪个方向前进,怎样迈出下一步。

路的尽头,就是另一条路的开始……

第四节　身心灵修行之旅

一、提升你的健康指数

1. 经络疗法

（1）到底什么是经络？

经络是连接人体五脏六腑的桥梁。中医所说的"十四经"包括：手、足三阴经，手、足三阳经，任、督二脉为主体，是一套遍布全身的综合系统。

人体经络是维持人体气血运行的重要"通道"。如果经络不畅通，就可能出现各种疾病。

（2）6个现象说明你的经络可能堵了

冷——手脚冰凉：人体体温靠气血维持，如果出现畏寒畏冷、手脚冰凉的情况，说明身体可能经络不通。

热——出汗异常：如果身体某些部位发热、出汗异常，可能是气血积聚不散，很大可能经络不通。

酸——浑身酸痛：如果经常感到浑身酸痛，说明身体气血的供应，不足以维持肌体的需要，这是因为身体经络不通。

疼痛——二者略有区别：无论是疼，还是痛，都与经络不通有关。

"疼"是瞬时且强烈的感觉，而"痛"则是慢性却绵长的感觉。

麻木——气血虚弱：当经络不通、气血不畅的时候，就会出现麻木的感觉，而当变换姿势，气血畅销了，才会恢复正常。

肿胀——气滞血瘀：有时候经络不通，会呈现肿胀或僵硬，而这个时候想要消肿，使肌肉变得柔软，就要活血化瘀。

（3）6个方法教你疏通经络（此方法来自某养生网站）

梳头——促进血循环：

用手指或木梳从额头前至枕后，从两侧的颞部至头顶进行"梳头"，每回 50~100 次，以晨起梳头为最佳。人体各条经络都汇聚于头部，梳头时要经过眉冲、通天、百会、印堂、玉枕、风池等近 50 个穴位，对这些穴位进行如同针灸的刺激，可以促进头部血流，疏通经络。

轻揉耳轮——通肾气：

双手握空拳，以拇指、食指沿耳轮上下来回推摩 1 分钟，直至耳轮充血发热。中医认为："肾，主骨、生髓"，全身精气有各脏器收集后交肾来保存，肾开窍于耳，耳朵上布满了全身穴位，所以按摩耳朵不仅能健肾，还能打通全身穴位。

按摩——激活穴位：

有氧激活按摩可帮助打通任督二脉和十二正经。古代养生学家认为，疏通经络可作为摄生的重要措施，而最简便的方法就是经常刺激、按摩、艾灸三个重要穴位，即合谷穴、内关穴和足三里穴。合谷穴可以防治颜面及五官方面的疾病，内关穴有助于防治心脏疾患，足三里穴则对预防五脏六腑特别是消化系统的疾病非常有效。

莲花式坐——活动韧带：

坐时屈左腿，将左脚的脚背放在右大腿的腹股沟处，双手放在左膝盖上，轻柔地做上下弹性运动数次，使之接触地面；然后换右脚。坚持运动能有助于活动人体多处韧带，使腿、腹、胸、颈部等肌肉得到充分伸展，保持经络畅通。

五字调息——通五脏：

每天清晨，用鼻子吸气，嘴呼气，默念：嘘、呵、呬、吹、呼，不要出声。每个字音对应一个脏腑：嘘对肝，呵对心，呬对肺，吹对肾，呼对脾。这是利用调节呼吸来调匀气息，疏通五脏。如果常念"嘘"可以养肝明目，常念"呵"可以泄心火等，长久坚持，会有一定作用。

艾灸——舒经活络：

艾灸有很好的舒经活络、活血散瘀的功效，而且能补充人体元阳，补益肾气。经常艾灸，不仅能够保养身体，还可以治疗疾病。尤其对于女性朋友而言，艾灸可以说是女人一辈子的情人，不仅能治疗很多妇科病，还能美容养颜，延缓衰老，效果棒棒的！

2. 瑜伽疗法

（1）何谓瑜伽

"瑜伽"一词来源于梵文"yoga"的音译，中文意思是融合、联结。是身体与生活各个层面的联结、身与心的平衡联结、人类与大自然的联结、人类与宇宙真理的联结。从个体到宇宙，瑜伽在创造着人们思想、语言、行为的和谐，因为人类的本性就是和谐与快乐。

瑜伽，往个人方面来说，可以理解为通过冥想、体位、呼吸的结合来达到身心合一；而往宇宙真理方面来说，是人与自然的融合、联结，是天人合一。瑜伽是一种生活哲学、一种修行方式，是艺术与科学的完美结合，是带人类回归自然本性的方式。

（2）瑜伽的功效

练习瑜伽时，通过意念引导调整呼吸，通过呼吸来调节自主神经、缓解压力、消除紧张，达到安详淡定的效果，能有效缓解焦虑和抑郁。

瑜伽通过体位练习、舒展肢体，每个动作搭配呼吸训练，通有效按摩不同部位的内脏器官、伸筋活骨、疏通经脉，使气血更加畅通地运行。

瑜伽练习中的冥想，可以提升人体内环境。冥想时人的过度思虑会安宁下来、注意力更加集中、心智会更加通达、感觉器官会更加敏锐。

瑜伽不仅仅是体式、呼吸、冥想的练习，而且是在生活的任何境况里，有效沟通、智慧生活、平衡身心的哲学，瑜伽已经成为快乐的代名词。

（3）我们如何去体会瑜伽

呼吸

瑜伽呼吸帮助身体连接腹腔神经丛，享用大自然赐予身体的无尽能量，使身体和精神变得年轻。"没有呼吸就没有瑜伽"，呼吸对于瑜伽，就相当于呼吸对于生命。此时此刻转瞬即逝，你还没有留意这一秒就已经成为过去，然而呼吸是存在于每个当下的。我们关注呼吸，就是在关注当下。

持久练习

瑜伽之父帕坦伽利说："这项严格的练习必须持久，不能间断，还要以奉献和崇敬之心操练，只有这样，基础或根基才能打下。"没有练习就没有体会，我们连续十天练习同一个体式，如果你用心去体会，就会是十种不同的感受。

体式的练习具有增加气血循环、身体柔软、疏通经络、身心健康、延年益寿的功效。没有持久的练习，就无法取得应有的效果，也就失去了和真我建立连接的机会。

专注

人生最快乐的智慧莫过于活在当下，而很多人往往很难专注于当下。瑜伽的练习，能让你去关注此时此刻自己的体式、自己的呼吸、自己的身体，必要时可以闭上眼睛去体会。

瑜伽中的冥想，能够让人意识更集中、思维更敏捷、反应更迅速、精力更旺盛、创新能力获得更大地提升，同时建立起身体与内在的联结，倾听内在的真我，活出更加幸福快乐的自己。

二、提升你的快乐指数

1. 食用含色氨酸丰富的食物

提高五羟色胺含量的一个方法是吃含色氨酸丰富的食品。色氨酸的功能就是转化为五羟色胺。

含有色氨酸的食品包括肉、鱼、蛋、奶酪、牛奶、酸奶、坚果、豌豆、大豆、小扁豆等。火鸡、松软干酪、雉鸡和鹌鹑是特别好的五羟色胺来源。此外，可可是促进五羟色胺生成的重要食物，因此巧克力是人需要振奋精神的首选。除了富含色氨酸的食品外，碳水化合物，如糙米、面包、红薯等有助于促使色氨酸转化为五羟色胺。

通过饮食补充五羟色胺，要多食哺乳动物的组织，尤其是脑组织。

抑郁症患者以及其他心情不好的人应多吃些香蕉，以使大脑产生足够的五羟色胺，从而减轻其悲观忧郁的程度。

2. 肌肤接触刺激

现代生理学家及心理学家的大量研究结果表明，肌肤接触刺激可以增加人体内多巴胺的含量，使人产生幸福的感觉，比如拥抱、拉手、挽手臂、拍肩等。最经典的是拥抱。

2015 年 2 月，英国掀起了一场"拥抱运动"，这场运动吸引了很多欧盟国家的人加入。在很多情况下，拥抱对击退孤独感、提升幸福感非常有帮助作用，还能让人镇静下来。

每天上班前，与丈夫拥抱，告诉他，你爱他。肌肤和肢体的接触会把爱的感觉传递过来，并且告诉大脑，多巴胺瞬间提升。丈夫有了这份爱的感觉，相信这一天的工作一定比较顺心。妻子因为有了爱的表达，内心会比较安定。

每天送孩子上学前，拥抱一下，拍拍他的肩膀或是头部，告诉他，妈妈爱你。多巴胺瞬间提升。育儿专家告诉我们，在亲子教育中，关系比方法重要。一个好的亲子关系，对于孩子的成长将会有莫大的助益。

3. 节奏刺激

SAT 构造化联想法创始人宗像恒次告诉我们，节奏刺激可以提升五羟色胺的含量。像佛教音乐、敲木鱼、撞钟鼓等简单单调的节奏能让大脑快速提升五羟色胺的含量，迅速缓解忧郁。

我有一段时间，因为和父母的关系纠扯不清，状态不是太好。于是去听大悲咒，几天听下来，果然神清气爽，忧郁全无。

这是因为节奏感强的音乐，可以使人处于大脑 @ 波状态中，这种状态中的人，会感觉到非常的轻松愉悦。所以，在心情阴霾的时候，不妨听听佛教音乐，比如大悲咒之类的，可以迅速驱散忧郁的感觉。

4. 光线刺激

有些抑郁的来访者，晚上睁着眼睛睡不着，翻来复去，痛苦啊，然后捱到大概凌晨四五点钟的时候终于睡着了。为什么呢？这是因为凌晨四五点的时候，东方有些发白了，有些许的光线刺激。大自然告诉我们，光线是世界上最好的免费的抗抑郁药。因为光线是合成五羟色胺最重要的原料。

在雾都伦敦，每年的冬天，经常几天看不到阳光，有些人因此抑郁而死。整个冬天，伦敦人基本上情绪都不是太好，直到第二年的春来来临时，才又有了生机勃勃、充满活力的感觉。

每当心情不好的时候，不妨去晒晒太阳。扔掉帽子，扔掉太阳伞，戴上暴龙眼镜，放逐阳光下的诱惑。

5. 跑步运动

电影《重庆森林》里有一名句梁朝伟的独白："每次失恋的时候，我就去疯狂地跑步。当跑得满头大汗的时候，我就感觉不到悲伤了。"

这是有心理依据的：

（1）因为人体在跑步运动的时候，大脑会分泌快乐物质脑啡肽，迅速驱散忧郁。

（2）通过跑步运动可以使人转移注意力，释放体内多余的力比多和攻击力，平衡情绪。

生活中若遇上不称心的事情，不妨跑一跑，因为跑步时大脑分泌的脑啡肽，确实能够消除人们的郁闷情绪。有些沮丧者很可能是因为缺乏运动，而跑步是有氧运动，除了活动肌肉外，还能增强心肺、循环系统的功能，使原本应该有但缺少的东西回归到生命当中。同时，跑步能分散注意力。当注意力集中在身体新的感受上，原本沮丧引起的不适也就被忽略了。

第五节　七色彩虹的能量冥想

红色：

无论我到任何地方，都是被保护和安全的。我享受自由和快乐带来的生命活力。绝对，没有什么事好担心的。我身体的每一个细胞都在对我积极的心像做喜悦的回应。

金钱是爱和智彗的呈现。我拥有时间、金钱和协助。这个世界能供应我所需要的一切。

我怀着爱和感恩来付我的帐单。我享受家居生活，我的家很美。我做着我喜欢做的事。

我由衷地感谢身边的每一个人。我享受喜悦并且愿意跟别人分享喜悦。我能轻松地去爱，能敞开心胸迎接宇宙的丰盛。我身体的每一个细胞都在接收爱的能量。内在小孩告诉我：

地球很健康，是个适合居住的地方。

橙色：

我带着爱和喜悦来扩展创造力，并且朝着目标前进。我爱我独一无二且无限美好的生活。每一天都是特别的，也是弥足珍贵的，因为只能拥有一次。当下每件事物都充满了无限的活力，我喜悦地活在当下，并享受生命。今天我允许自己玩得开心、玩得尽兴，因此整天都容光焕发。我很享受财富带给我的丰盛，有了钱，我可以到世界上任何一个地方。被爱是件很容易的事，每一天我都会得到一个特别的礼物。我家的气氛是快乐且温情的，

我喜悦地拥有爱与被爱，我的心洋溢着喜悦。生命是美好的，我极尽所能地回馈我所有的真善美，因为我的生活充满了美好的祝福。

黄色：

我拥有智慧、决断和行动力。今天，我是一个很棒的、发光的、充满能量的个体。所有的爱都是改变的源泉，我正在变得越来越棒，而目前情况正是如此。我任由情绪轻轻悄悄地飞走，就像微风般掠过，因为我相信我可以面对生命中的任何事情。没有所谓的难题，在任何情况下，我都能够拥有天时地利人和，以及协助。每一个人的生命都是无比尊贵的，他人为他人的生命负责，我为我自己的生命负责。我的力量来源于我的内在，我有足够多的能量过丰盛而有意义的生活。我知道真实与匮乏之间的根本区别，因此，我不再认同自己创造出来的恐惧。我欢迎所有令我快乐的事情，我是真理，我是生命，我是宇宙万物合一。

绿色：

我由衷地接纳每一件事，那都是我的一个部分。每一天我都比以

前更爱自己。我以爱的眼光来看待我的小伙伴，爱流向宇宙，因为那是我真实的本性。所有的爱恨情仇，背后都是爱的存在。我体验到了爱与慈爱，我也愿意给予爱与慈爱。愤怒和痛苦是可以疗愈的。真爱是没有憎恨的。爱是疗愈伤口最好的能量，可以产生最美好的转变。每一个临在，我都在散发着光和爱。我让爱布满全身，并推及宇宙。我发现一直在寻找的宝藏，就在我的心中。我爱自己并且喜欢以快乐、欢喜的方式来过日子。我喜欢学习，喜欢成长，喜欢变得更漂亮。对我而言，小伙伴是可爱的。对小伙伴们而言，我是可爱的。

蓝色：

过去的事情，都过去了。每一天所呈现的生命，都是美好而喜悦的。我的工作很理想，被很多人肯定和赞赏。我乐于付出，并选择每天活得神采奕奕。表达生气和愤怒是可以的。我不会伤害到任何人，也不会失去他人的爱。我可以在必要的时候，平心静气地说"不"，我知道我的界限设在哪里。分享知识和智慧是件很快乐的事。当我请求被协助的时候，依然值得被爱。送给别人的东西，会很多倍地回馈到我的身上。在真理中，付出和接受是同一回事。我放下所有的期待，在亲密与自由之间取得平衡。今天，我的能量是发光的、喜乐的、安宁的。我对自己负责，不为任何事情责怪任何人。

靛色：

我放下与他人的竞争与比较，了解如何在危机中学习和成长。

我知道幻想即是现实，怎么想就会看见什么，所以我每天以崭新的姿态呈现。没有所谓正义，只有有限的观点，我接受自己的所有一切。我敞开心胸，允许恐惧如微风来去自如，因为我了解爱恨情仇的真相，所以我创造自己的和谐。走不同的路是可以的，我在观照自己的思维，然后铲除如杂草般的执念。当我失去时，我会得到一些东西，有舍才会有得。生命太珍贵，不值得迷失在过去的痛苦和回忆中。我突破父母为保护我而设下的规则，做回一个本来的我。人活着不是为了别人，我不需要依照别人的想法生活。我有个洞见，让内在来指引。我的意识是光明、清晰的，幸福在我手中。

紫色：

开悟，意味着自我探索并了解真实的自我。当我真正爱自己时，开悟就发生了。我不会为了一些不属于我的观众，而去演绎不擅长的人生。我允许我活出本来的自己。我心有所定、不畏浮世、无问西东，不带任何目的与期待。此时此刻，我的注意力将会慢慢地、温和地打开这扇门。一片柔和的、天上人间的彩光在此呈现。这幸福的光辉，有如神性的丰盛。在这绚烂多姿的彩光中，我是一个蓄满能量的、继往开来的宇宙生命体。我的光亮绝对的喜悦和安宁，同时包含了所有的音乐，如同太阳上升，并且带来生命的律动。这光中的时空是幸福快乐、充盈丰盛的。这是我内心的家。

第五章

找到破解代际轮回的密钥

　　人类幼年时与养育者之间形成的互动关系模式，最终会内化到我们的心灵深处，成为我们的一种内在关系模式。自心理学诞生之后，这个内在关系模式，就吸引了无数的心理学家为之探索、研究，所以内在关系模式也就有了各种各样的名称：强迫性重复、轮回、潜意识、人生脚本、内在小孩记忆、情绪习惯、人类木马程序、剧情、生命软件、胜肽……

第一节　关于命运，以及改变命运

一、所谓命运

心理学家曾奇峰说，潜意识即命运。心理学鼻祖弗洛伊德说，强迫性重复即命运。心理治疗师艾瑞克·伯恩说，人生脚本即命运。韩国精神科医生朴用喆说，情绪习惯即命运。心灵作家李欣频说，人类木马程序即命运。……

关于命运，人们众说纷纭。是心理专家们在自相矛盾吗？

所谓命运，无非是我们遇见什么人，发生什么事。无论是人，还是事，最终也都是和我们发生关系才能对我们有所影响。而幼年时与养育者之间形成的互动关系模式，对我们的人生有着决定性的影响，原因有三：

人类是社会性的动物，人类的所有情感、思维、行为、心智等都要从养育者那里通过互动习得。

无论是婴儿还是幼儿，心智都还没有成熟，缺乏分辨能力，而在抚养关系中又处于被动接受的位置，所以对于外在的一切，也就照单全收了。

孩子最爱的人是父母，且孩子爱父母的程度，远比父母爱孩子要多得多。基于人类的自恋本能，孩子会认为父母所说的、所做的就是权威的。

因此，人类幼年时候与养育者之间形成的互动关系模式，最终会内化到我们的心灵深处，成为我们的一种内在关系模式，也就是人格＋性格。弗洛伊德曾说过，一个人的内在关系模式在6岁之前就已经定型了。

大部分的最重要养育者即是父母，父母是我们最重要的关系来源。因此，人类的内在关系模式，可以看作是"内在父母"与"内在小孩"之间的内在关系模式。

这个内在关系模式，即是命运。6岁之后人生所经历的人和事，不过是6岁之前所形成的内在关系模式的翻版。内在关系模式为什么会不断重复和显现呢？我们的命运为什么会一直顽固地轮回呢？

自心理学诞生之后，这个内在关系模式，就吸引了无数的心理学家为之探索、研究。所以内在关系模式也就有了各种各样的名称：强迫性重复、轮回、潜意识、人生脚本、内在小孩记忆、情绪习惯、人类木马程序、剧情、生命软件、胜肽……

武志红认为：关系至少给了我们两次生命，第一次是父母对我们的生养。并且，我们的人格也源于我们与父母的关系，父母和我们的原生关系，最终被我们内化为"内在的父母"和"内在的小孩"。由此，不管长大后我们与父母的关系如何，我们内化的"内在的父母"和"内在的小孩"都是我们人格的基础，虽然可以改变，但是非常困难，而我们与其他人的外在的人际关系，其实也是这个内部的人际关系的投射和展现。第二次是……

心理专家李雪认为：所谓心灵成长，我们要与之和解的其实是自己内在的父母。也就是说，我们改变的是内在的父母跟内在的小孩之间的关系模式，这个过程跟外在的父母并没有什么关系。当内在的父母不再跟内在的小孩较劲，一切自然会有所好转。至于外在的父母，随着我们自己的成长，如果他们也成长改变，那么皆大欢喜，我们从此可以舒服地相处，也确实弥补了一些童年的缺憾。但是很有可能，外在的父母就是要活在纠缠和痛苦当中，我们又何必自讨苦吃，硬要制造与他们和解的假象来自我欺骗呢？自我欺骗，不活在当下的真相中，才会给下一代造成危害。允许父母按照他们的意愿过一生，允许自己按照自己的喜好过一生，就是对父母、对自己最大的慈悲。

二、关于命运的论述

1. 强迫性重复

弗洛伊德在 1920 年发表的论文《超越快乐原则》中提出"强迫性重复"概念。"强迫性重复"，意指我们会不知不觉地，在人际关系尤其是亲密关系当中，不断重复我们童年时期印象最深刻的创伤或者创伤发生时的情境。强迫性重复有以下三大特征：

（1）重复行为伴随着痛苦所带来的快感。

（2）重复是为了尝试修复过去的初始行为。

（3）通过不断重复来满足过去未达成之愿望。

2. 轮回

轮回，本是佛教中的一个词语，本意指循环出现、重复出现。

命运，按照心理学的解释，是将自己童年时候形成的内在关系模式投射到成年后的各种人际关系模式中，于是命运就变成了一种轮回。生活中，父母的思维、性格、情感、习惯都在不断地影响着子女，其实是将处理人际关系、面对选择、婚姻生活形态等"复制"给了下一代。

3. 潜意识

心理学家荣格说，你的潜意识正在操控你的人生，而你却称其为命运。潜意识是我们无法觉察到的那部分心理活动。它自动接收和分析外界的信息，自动形成我们对事物的感知、看法、判断和选择，只是整个过程我们自己根本没觉察到而已。

你可能意想不到，意识能控制的心理活动只有 5%，而其余的 95% 都在潜意识里。可以说，潜意识塑造了我们对绝大多数事物的思维、情绪、感受，以及回应方式；潜意识支配着我们的行为，让我们按照惯有的"套路"去走。

4. 人生脚本

"人生脚本"一词源于艾瑞克·伯恩所著《人生脚本》一书。艾瑞克·伯恩认为人生脚本最初形成于生命早期的一种基本感受：1 岁是最关键的形成期，1 岁末已经形成了这样的一种感觉；3 岁会在基本感觉的基础上发展出来某种基本的反应模式，然后反复验证；7 岁的时候就定型了，也就是形成了人生脚本。

艾瑞克·伯恩说，人生脚本是童年期针对一生的计划，也就是说，是小孩自己决定了一生的计划，而不是单纯受到外力（如父母、环境）的影响所造成的。这个"决定"不同于大人深思熟虑的决定，而是对自己生命基调的一种感觉。

5. 内在小孩记忆

修·蓝博士在《零极限》一书中认为，在我们身边所发生的所有事情（例如好事、坏事、人际关系、金钱问题、疾病、受伤、家人、灾害、在国外所见的悲惨新闻、考试的结果等），几乎所有的原因都源于内在小孩所累积记忆的重播。

每个人的心中都有一个内在小孩，无论你多大了。我们的情绪困扰，全部是内在小孩重播出来的记忆而已。疗愈的开始，请首先念四句话：对不起，请原谅，谢谢你，我爱你。清理记忆，接着抚慰它接纳它，在当下与那个情绪同在。

6. 情绪习惯

韩国精神科医生朴用喆在《情绪习惯，决定你的一生》一书中写道："人的情绪是有习惯性的。比方说一个人小时候在一个比较孤单的环境下长大，他习惯了那个寂寞和孤独的情绪。虽然他不是很喜欢，但是他最后还是会把自己的生活情景变到孤单寂寞里。即使他有其他选择，可是他还会不自觉地创造出生命的情境，好让他感受到孤单和寂寞。这叫情绪习惯。"

朴用喆认为，大脑会本能地维持它熟悉的情绪，相较于一些愉悦快乐的情绪，大脑不一定选择它们，它喜欢自己比较熟悉的情绪。心理学家研究发现，一个人的幸福持久度和外境没有太大关系，而内在快乐的情绪习惯是非常重要的。

7. 人类木马程序

人类木马程序一词，源于心灵作家李欣频的著作《人类木马程序》。如果把人脑比作人体操作系统，我们的身体也隐藏着许多木马程序。我们每个人都有一些限制住自己的信念与故事，情绪与行为的固定反应模式；对此，我们或有所了解，或毫无觉知。李欣频老师将它们称为"木马程序"。

电脑中了木马需要移除木马程序，人体也一样，有了木马程序，需要清理木马程序，重启操作系统。记得，退后，拉高自己的维度，重新审视事情本身。

8. 剧情

心理学者李雪在《走出剧情》一书中写到："剧情，是我们内在关系模式的对外展现。心理学所说的内在关系模式，即是我们内心的剧本。剧本里的人物形象、人物之间的基本关系模式已经设定好。在我们的潜意识里，存在着许多剧本。这些剧本是童年经历内化到心里形成的。在我们的生理上，它们已经形成脑神经回路，成了细胞记忆。所以，我们成年后的人生，大多也是照着剧本一遍又一遍地重复那些熟悉的体验。"

"一个人的心理健康程度，可以从一个角度来衡量：他能多大程度地走出剧情，看见真实的外界。"

9. 生命软件

壹心理总裁黄启团在其课程《升级生命软件》里说道，人生的痛苦也许千差万别，但内在的模式大同小异，比如悲观模式、内耗模式、痛苦模式、假装忙碌模式、目中无人模式、指责模式、受害者模式、操控模式、恐惧模式、焦虑模式等。从这些活生生的案例中，你也许能看到自己的影子，并觉察到自己正在"运行"的人生模式。

一个人只有看到了自己的模式，他才会自然地做出改变。这个过程黄启团老师把它称作"升级生命软件"。

10. 胜肽

心灵导师张德芬在《遇见未知的自己》一书中提到了胜肽："从生理学上说，如果我们不断重复做某件事，我们某些神经细胞之间就会建立起长期且固定的关系。比方说，如果我们每天都生气，感到挫折，每天都觉得悲惨痛苦，每天都这对这个世界充满了抱怨与愤恨。那么，我们就是每天都在重复地为那张神经网络接线和整合。久而久之，这就变成了我们一个固定的情绪模式。"

"当我们在身体喜忧参半或是大脑层面产生某种情绪或感受时，我们的下丘脑会马上组装一种化学物质——'胜肽'。胜肽会随着血液跑到我们身体里的每一个细胞，被细胞周边的上千个感受器所接受。日积月累，我们体内的感受器对某种胜肽就有了特定的胃口，会产生饥饿感。如果我们很久不产生那种固定的情绪，不喂养这种胜肽给它们的话，我们的细胞就会让我们有生理需求想要产生这种情绪，让能够产生这种胜肽的事件发生在我们的生活当中。"

第二节　打破原生家庭的强迫性重复

一、何谓强迫性重复

一百多年前，弗洛伊德在对孩子的观察中发现，孩子在经历了一件痛苦或者快乐的事件之后，会不自觉地反复制造同样的机会，以便体验同样的情感。这种现象叫强迫性重复。

曾经被羞辱的孩子，在成年后，会不断地去创造被羞辱的类似场景，然后会被再度羞辱。曾经因为妈妈抑郁没能得到很好照顾的孩子，在成年后会不断与受苦的女人交往，从而不断重复时时刻刻需要照顾母亲时那些痛苦的体验……

没有人愿意让自己重复那些痛苦悲伤的体验。但是，如果没有人帮助，自己也没有超级的领悟能力，人们是很难从那些体验中逃出来的。

二、形成强迫性重复的原因

1."未完成事件"情结

生命中，"未能完成的""遗憾的""不能释怀"的情结，时间能够帮人们解决吗？心理学家发现，根本不是那么回事。人们大多数只是在刻意逃避，结果却被"未完成事件"完全控制。事实上，没有人可以真正逃开他心灵中的"未完成事件"。

人类有五个层次的心理需求，首先解决生存的需求，其次解决安全感的需求，再次解决归属感的需求……

满足了最迫切的需求之后，接着转向下一个需求，这一现象不断地发生在我们身体、心灵的所有领域。但我们都知道，理想的情况并不多，大多数需求无法及时满足。这些未被满足的需求就转移到了潜意识，然后在以后的生活里不断地跳出来，意图通过吸引类似的人或事件来完成过去未完成的事情。

例如，一个女人，小时候父亲不务正业，并且喝酒后经常打她和母亲。这个女人成年之后，找了个老公，也同样是不务正业，经常酗酒打人。女人忍无可忍，离婚后。后来重新找了个老公，过不了多久，也酗酒打人，并且把她打得遍体鳞伤。女人忍无可忍，又离婚了。这个女人痛苦地说，我怎么这么命苦啊……

小时候的这个女人，就产生了一种拯救父亲的情结，但是失败了。所以，潜意识里，她很想要拯救像她父亲那样的人，以完成她潜意识里未完成的情结。结果，一次又一次地经历了创伤的体验。

人们"未完成事件"，指的是未表达出来的情感，包括悔恨、愤怒、怨恨、痛苦、焦虑、悲伤、罪恶、遗弃感等。

2. 那些体验是熟悉的，是可以掌控的

大脑对这类体验的反应模式，即便是让人痛苦的，但是因为它熟悉，所以人们还是愿意不断地重复它，因为熟悉可以带来安全感。

而对于一些更舒服、更愉快的方式，人们理智上知道可能会更

好些，但是因为在成长中没有积累起相关的体验，所以很难让自己想去试一试。当事情真正有些好转时，就会觉得不安，觉得好像有什么事情不对劲。

这种不安，是掌控感在作祟。长期生活在不幸的环境中，人们会发展出特殊的预见能力，也就是说，能够预见，自己会在什么时候遭受其他人的欺负和折磨。

但是，等到了新环境中，人们的预见能力就丧失了，心里会觉得："怎么别人对待我的方式，和我想象的不一样呢？"

这个时候，人们就会在无意识的指引下去做一些莫名其妙的事情，从而把事情搞砸，让本来对自己友善的人添一些敌意，然后就终于对自己不好了。等别人这样对待自己的时候，虽然觉得很悲伤："为什么他们终于还是对我不好了？"但另一方面，他们内心深处会安静下来，知道一切又在自己的预见之中。

特别是在危险情境中，两种应对方式：熟悉的创伤性应对、全新的安全型应对，人们会下意识地只会选择那些熟悉的应对方式。

3. 有时候负面的体验可能会给自己带来获益

比如，一个人在成长中遇上困难的时候，会吸引父母对他的帮助和关爱。他可能就学会了用让自己受苦的方式吸引来自外界的关爱。也就是说受苦成了他的某项资本，可以吸引别人关爱他。他可以因受苦而获得某项特权：可以获得照顾，可以逃避责任，可以指责别人，可以有道德上的优越感。

这在婚姻中很常见，女人为家付出了很多很多。后来男人出轨，女人历数男人的不是，却不知道，她的付出背后，暗地里可能有许多是对男人的指责：你不如我能干，不如我负责。男人虽然没说什么，但是，这可能正是他出轨的原因之一。

某些痛苦的体验还可能曾经给人们带来过保护。

例如，一个孩子在集体活动中受挫，他很伤心，于是减少了与别人接触，从而远离那些不舒服的体验。这在一定程度上给他带来了保护。但是随着年龄增长，这样的方式可能会让他的社会功能受损，于是带来了新的苦恼。结果，他又陷入了旧有的不舒服的体验。

三、破除强迫性重复

1. 给你一把空椅子

"没有一种痛苦像一个人所回避面对的痛苦那么具有毁灭性，没有一种受难会像自己不曾觉察的受难一样持续地那么久。"

这就是说，要想摆脱这些具有成瘾的重复行为，关键是要克服否认。那些经历过创伤的人需要了解、体会自己所经历的创伤，体会和描述自己当时的感受，然后释放负面情绪。

当人们通过描述过去的创伤，把创伤定位到了某一个特定的时间和特定的地点（在彼时彼刻我遭遇了创伤，而现在并不是彼时彼刻），就能够开始把此刻的压力和过去的创伤区分开来。通过对当时事件的描述和讨论，个体对此时的不由自主的重复行为产生了意识层面的控制。

这可以用"空椅子技术"来帮我们达成。"空椅子技术"步骤：

（1）搬两把椅子放在房间里，做好准备。

（2）先站在两把椅子的中间，诉说让自己烦恼的情境。

（3）坐在自己的椅子上，对他（她）说出自己的愤怒、委屈、悲伤、自责等。

（4）起身，离开自己的椅子，坐在他（她）的椅子上，让自己完全成为他（她）。

（5）说出他（她）想说的话，说出他（她）的想法和感受。

（6）再回到自己的椅子上，完全放掉他（她），成为自己，说出听了他（她）的话后自己的想法和感受。

（7）反复沟通，直到新的体验和感受代替了原有的体验和感受，人会因为成了他（她），而变得慈悲，心变得更宽广，从而完成"未完成事件"的修复体验，不良情绪被化解。

2. 人际间的依恋和安全感

强迫性重复的病因和治疗，从根本上都是基于人们在人际间感受到的依恋的安全程度。

因为经历过不安全的依恋，所以变得过度敏感和紧张，容易采取撤退或攻击来过度应对人际间的一些信号。而当人们采用了自己在最初创伤事件中习得的行为方式来面对当下的处境，很多时候反而复制出了当时的结果。

要想修复过去的创伤，个体必须已经和另外一个人（一些人）建立起了安全紧密的联结。一个依恋对象的存在，能够给人们提供必要的安全感，他们才会敢于去探索自己的生命历程，打破内心的自我隔绝或社交隔绝。

因此，当我们与他人建立了一段安全的关系，有了这段关系作为安全感的底线，才能够探索过去和现在到底发生了（发生着）什么。安全的依恋关系是我们回到源头创伤的前提。

然而，正是因为之前的自我隔绝或社交隔绝把我们困在了重复的模式里。在那个隔绝的状态中，我们无法接受新的经验去发展出安全的依恋关系，我们把自己困在了过去里。有些人幸运地遇到了能够给他们安全依恋的人，在生活中完成了自然的疗愈和成长。更多的人，求助于专业的心理咨询师，并且在咨询关系中体验到了安全的依恋关系。另外一种形式，是自助小组。在自助小组中，我们可以通过信任的培养、相互的妥协、约定的达成、以及人际间的承诺去获得安全的依恋，从而，竭尽全力地去走一条与以前完全不同的路。

3. 建立全新的、良性的应对模式

通过上述两个步骤，人们会建立起这样一个新的认识：我活在此时此刻。作为一个成年人，我可以学习健康的保护自己的方式，通过一个有意识的选择，不再投入到那些明知道是有伤害性的关系和行为里。

很多时候，人们通过儿时的视角得出的结论，会一直持续到成年期，并且继续发挥作用。然而当我们的那些"结论"被以语言的方式描述出来之后，我们才得以觉察和改变。

为了避免重复，必须放弃那些让自己上瘾的行为、药品、人……要有实际行动，去找到当下更有回报、更健康、更成功、更有力量的活动和经历，去替代"强迫性重复"。勇敢地去尝试各种新的、好的体验，以建立良性的强迫性重复机制。

一开始可能有点儿难度。不过，不要有太高的期待，慢慢来，循序渐进。每次有小进步、小成功就嘉奖一下自己，建立成功的神经活动模式。渐渐地，很多次小进步、小成功就累积成了一个很大的改变，替代了旧有的强迫性重复。

第三节　改变潜意识，即改变命运

一、何谓潜意识

一个升学考试，明明做足了功课，做好的准备，但在考场上却各种担忧，脑中不断浮现考试失败后的局面，最终因为没发挥好而落榜。

与心仪对象约会时，明明已经想好了要怎么告白，但是一旦面对如此完美的她，就开不了口。不仅开不了口，还把约会给搞砸了。

千百年来，很多思想家、哲学家都思考过一个问题：是什么决定了我们的命运？

根据现代心理学的研究，我们日常的所思、所想、所行这些能意识到的念头，只占5%，而另有95%深藏于我们的灵魂之下，是不被人们所觉察的潜意识。潜意识，是指那些在一般情况下根本不能意识到的东西；是人类心理活动中，不能认知或没有认知到的部分；是人们"已经发生但并未达到意识状态的心理活动过程"。

换句话说，我们一生的际遇，除了外部条件影响之外，更多的是由我们的潜意识去创造的结果；我们每个人的命运，其实都是由我们的潜意识决定的。

催眠大师艾瑞克森认为，人们尚不清楚自己绝大部分的生活深受潜意识掌控。

心理学家荣格也说过，你的潜意识正在操控你的人生，而你却称其为命运。

虽然我们觉察不到、意识不到，但潜意识决定着我们看待事物的观点；决定着我们的思想、行为、选择；存储着我们的创伤记忆、限制性信念；以及一切有关于我们生命的秘密。

在一些精神疾病患者身上，我们可以看到潜意识的作用如同秋风扫落叶。比如无法解释的焦虑、违反常理的欲望、超越常情的恐惧、无法控制的强迫性冲动、不断想死的念头……而意识的力量却是那么的微弱。

潜意识藏有我们童年的记忆——虽然意识层面不记得，但是身体和细胞会记忆一切；也就是潜意识会记忆一切。包括我们的爱中有恨，恨中有爱；那些无法解释的思想、行为、习惯、强迫性重复……

人类清醒的时候，虽然觉察不到潜意识层面，然而潜意识还是会无声无息地影响我们思想、情绪、行为的方方面面；夜间，潜意识还会出现在我们的梦里。潜意识影响着我们的职业选择、结婚对象的选择、身心健康状况……

二、潜意识的特点

1. 潜意识会记录你看到、听到的一切，甚至没觉察到的相关信息。比如你浅睡眠的时候，有人对你说了句话，意识层面不会知道；但是潜意识里会有相关记录。

2. 潜意识会记录一生所有的记忆和体验，包括在胎内的体验、在婴儿期的记忆、在幼儿期的情绪……甚至那些记忆模糊，或者已经遗忘了的事件。

3. 潜意识只会理解"是"，无法听到"不"。比如"不要想粉红色的大象"，但是你的脑海里恰好就出现了一只粉红色的大象。也就是说，潜意识只能理解肯定句。

4. 潜意识属于此时此刻此地，无法分辨"现在"与"未来"。如果你在脑海中构想一个愿望，潜意识会当它们已经实现了，所以，这也就是心想事成吸引力法则的原理。

5. 潜意识无法区分想象与真实、正确与错误，它只是忠实地、没有分别心地反映你内心的感受。比如你对自己说"我真是个笨蛋、愚蠢至极"，潜意识就会以为你真的是笨蛋、真的愚蠢。

6. 潜意识不能分辨自己和别人，它只负责你的思想。当你在说别人不负责任、长得难看、性格偏激的时候，潜意识会以为你在说自己。所以，你在别人身上看到的问题，往往就是自己的问题。

7. 潜意识没有幽默感，无法区分你是开玩笑，还是在严肃地陈述真实的事实。如果你经常在人群中贬低自己、自我嘲笑，以借此引发幽默、引发关注，潜意识就会为你记录下来，投射成你的现实。

8. 潜意识会形成我们的习惯。如果我们一遍遍地重复相同的想法，我们也就会一直经历那些相同的状况。因为"重复"的想法成了我们的信念，而信念会最终成为实相，无论真假。

三、改变你的潜意识

1. 与潜意识沟通

(1) 催眠

催眠，是进入潜意识最快速有效的工具，催眠能够实现意识与潜意识之间的沟通。身体的每一份紧张都和头脑中的一个想法联系在一起，所以当我们真正能放松身体时，就会放下头脑中的想法，这个时候，潜意识就有了最大的呈现空间。

在催眠状态时，我们全然信任潜意识，身体会逐渐放松下来，灵魂就会穿越身躯实体，和潜意识建立起联结，内在的真实也就会自然地升起和呈现。

催眠着重于通过潜意识运作，帮助我们解决意识层面下难以解决的疑难问题。籍由催眠状态，协助我们找出事情发生的心灵深层原因及真相；并籍由编译潜意识、改变潜意识，改变我们的心理状态。

(2) 冥想

四种主要脑波类型：

β波（贝塔波）——人在紧张状态的脑波。

α波（阿尔法波）——放松冥想的脑波。

θ波（西塔波）——半睡眠状态的脑波／进入深度冥想的脑波。

δ波（德尔塔波）——深度睡眠状态的脑波。

阿尔法脑波状态是大脑清醒且放松、注意力集中、情绪稳定愉悦、记忆力、专注力、创造力、想象力较好，且灵感易显现时的状态，这个时候的脑波状态比较接近于我们的潜意识。

冥想的作用就是把脑波调整到阿尔法状态。比如早上醒来时冥想 15-20 分钟，观想这一整天的安宁喜悦，那么我们一整天的感觉都会比较好。晚上入睡前也冥想 15-20 分钟，睡眠质量就会比较高，第二天情绪状态也会比较好。最重要的是，头天晚上冥想时的愉悦心情，可以保持到第二天早上醒来时，这就有了双重的效果。

冥想时可以选择一些心灵导师已经录好的现成冥想音频，在张德芬空间、在喜马拉雅上、在一些公众号上等都会有现成的冥想音频。这些音频本身的背景音乐就是阿尔法音乐，再加上导师们的专业引领，可以让你有更美妙的体验。在冥想音频的静心类、疗愈类、心想事成类等等当中，还可以根据自己的需求，选择更适合自己的类型。

2. 当潜意识被呈现，命运就被改写了（荣格）

意识层面的东西，我们很容易感知到，所以会说这是"我"的选择；而潜意识层面的东西，我们无法清晰地感知到，很多时候就会认为是命运推动的结果。

当我们扩大了觉知范围，觉知到了潜意识部分的东西时，潜意识的内容就变成意识层面的内容。当我们把这一意识到的内容说出口时，就会有意识地把这一事情，努力朝这个方向来推动。

因为自恋是人的一种本能，当一个愿意、一个想法说出口的时候，为了证明"我是对的"，就会有一个内驱力，推动事情朝这个方向发展。同时，还会选择性地收集符合自己预言的证据，以此来证明"我"是对的。这就是自我实现的预言。

3. 自我预言实现的步骤：

第一步：展开一张白纸，写下你具体的愿望。它可以是基于现实条件的任何愿望，但一定要写得清晰和具体。注意：所谓"基于现实条件"，是说要有一定的可能性。比如一个医生可以想象自己成为一代名医，但不太可能想象自己成为一名花样溜冰运动员。

第二步：**开始视觉化你的愿望已经实现**。在你的头脑里像放电影一样放映你的愿望已经实现了的情景，就好像它已经是事实一样。注意：这个想象要有一定的能量。如果一个场景你想象不出来，那么可能是能量不够。能量不够时的想象，不是真的想象，只是在幻想。

第三步：**保持大脑的正向频率**。为自己设计简短的正向肯定语或正向冥想词，暗示你已经实现你的目标了。例如，"我成功了""我是很有实力的""我有一套房子""我有一个很棒的工作"。注意：所有的潜意识都是"现在进行时"。

第四步：**把自己设计的正向肯定句或正向冥想词，录下来，每天反复地听、说**。在听和说的时候，头脑中反复地出现与你所说的有关画面，让它们发生，并感受身心灵的感觉。注意：这个练习至少要连续做 21 天。

第五步：**你可以回想一下，过去曾经在哪个时刻，成功地完成了一个挑战？**那件事是什么？当时是怎样的情形？你感觉怎样？体验、再体验从前成功的感受。回想的越细致、越具体，就越能体会到当时成功的积极体验，也就更能促进目前你想要完成的愿望和目标。注意：成功才是成功之母。

第六步：**开始谈论你的愿望，就好像它们已经实现了一样**。你与好友聊天时、在各种社交网站（包括朋友圈、微博等）发布动态时，可以想象这个愿望已经实现了，并且憧憬着美好的未来。换句话说，就是像小孩一样运用你的想象力，以假为真的去谈论。注意：你的现实会跟随你想象的脚步。

第七步：**重复、重复、再重复**，新的习惯和信念是通过重复而形成的。注意：形成一个全新的潜意识需要 21 天。

第四节　在关系中改变人生脚本

一、何谓人生脚本

1. 人生脚本概念

心理学家艾瑞克·伯恩在生前的最后一本著作《人生脚本》中，做出了这样的定义："人生脚本是童年时针对一生的计划，被父母所强化，从生活的经验得到证明，经过选择而达到高潮。"其实，艾瑞克·伯恩的"人生脚本"概念，强调了以下几点：

每个人的人生或多或少都存在着一些既定的东西，这些既定的东西，也就是我们的人生脚本，影响着我们的未来走向。

每个人在童年时期的家庭教养与生活经历也都影响着我们的人生脚本。

每个人通过自己的"选择"来实现对人生脚本的最终创作。

2. 人生脚本维度

艾瑞克·伯恩的著作《人生脚本》认为人生脚本需要符合以下条件：

父母的指令。

在指定下的人格发展。

童年时期的决定。

总以某种特定的方法成功或失败。

确信的态度（或者说是一种坚定的信念，当下对过去的事坚定不疑）。

人生脚本当然不是真的脚本，而是人在各种体验中所得到的感受，在心中写下"自己会这样度过一生"的脚本。这一切都是无意识的，你完全没有觉知，然后你的人生就照着这个脚本发展了。

人生脚本可以说是你的"人生预言书"，你会在不知不觉中、莫名其妙地依着预言行动。那些失败／挫折／幸福／幸运，并不是偶然、不是霉运、不是幸运，而是由脚本形成的。如果你一直抱着某个想法或信念，就会无意识地配合行动，结果就会变成现实。

二、人生脚本的根源

心理学家艾瑞克·伯恩说，人生脚从你一出生就开始写，3岁时就已经写好了剧情的大纲；7岁时就已经全部完成，包括你的爱情、事业、婚姻、情绪状态、人际关系……

脚本的来源可能包括：父母日常的一些训诫，"将来一定要出人头地"；周围人的"××总是那么呆头呆脑"；在学校里总被老师批评、总被同学欺凌；在班级里总是默默无闻、总是被忽略……

其中，起关键性、重要影响作用的，是父母日常的一些训诫：比如"全家人的未来和希望就全靠你了""你怎么那么笨""连隔壁的小明都比你懂事""小强是差生，你以后不要和他玩""你数学不好""你这孩子独立能力不行"……

这些7岁之前就已经写好的人生脚本，人们无法轻而易举地逃离。人生脚本会内化成我们的生活模板，从潜意识层面影响到我们生活的学习、工作、爱情、事业、人际关系等。

更可怕的是，即便你的生活方式暂时不符合人生脚本，也会在无意识中配合脚本来自动调整，最终符合潜意识中的人生脚本。

案例1：

A从小功课就名列前茅，高考那天却重感冒，结果只能勉强进了一个不喜欢的大学；找工作的时候也是一路过关斩将，却在最后面试时没发挥好，跟梦想中的公司无缘；后来在工作上事情也是如此，过程看似一切顺利，却总是在紧要关头搞砸。

案例2：

B从小就很乖巧懂事，大学毕业后在外企工作，婚后两年生下一个聪明健康可爱的孩子，然后辞职在家当贤妻良母。丈夫是知名跨越国企业的高管，疼她爱她宠她，生活幸福美满。但是B却莫名其妙地有了外遇，夫妻争吵多时后离婚，美好的幸福一夕之间崩塌……

案例分析：

后来心理师了解到，A小时候事情做得再好也得不到父母的赞赏，因此写下了"自己不可能有始有终、最终结局会是失败"的人生剧本。所以，看似顺利的过程却让A反而很焦虑。然而，终于如预期那样的失败之后，A才松了一口气："果然不出所料，我失败了。"

有外遇的B，小时候家境非常清苦，吃的穿的用的都比同学差。B自卑到了骨子里，因此写下了"自己不配拥有幸福家庭、不配得到爱"

的人生剧本。好不容易创造了美满的家庭，却因为内心的不配得感，莫名其妙地破坏掉了自己的幸福，回到原来的人生脚本。

前面讨论过，形成人生脚本最关键、最重要的信息，来源于父母日常对于孩子的训诫。换言之，就是来自"禁止命令"。幼年时父母日常训诫的禁止令，会形成我们的人生定位，是我们认知、判断的基础，也决定了我们会如何看待这个世界。

三、找到你的人生脚本

1. 不可以做任何事

"不可以爬树，很危险。""不可以游泳，很危险。""不可以踢足球，会受伤。""不可以跟小强玩。"……

有这个脚本的孩子，非常害怕犯错，所以一切事情都要得到指令允许才敢去做，也就不敢尝试任何新事物。成年后做事畏首畏尾、不热情、不积极、不主动，要上司催促着才能完成任务。

2. 不可以做自己

"我本来想要男孩子的。""女儿就是赔钱货。""全家人的未来和希望就全靠你了。""父母的将来就全靠你了。"……

有这个脚本的孩子，从小有着对父母的负罪感和无限责任感，会无端地觉得自己要鞠躬尽瘁、死而后已才能报答父母的养育之恩。成年后完全没有自己的人生，只能为父母而活。

3. 不可以孩子气

"你是男生，不能哭哦。""你是姐姐，必须让着弟弟。""你是哥哥，应该照顾弟弟妹妹。"……

有这个脚本的孩子，把所有不愉快的情绪都深藏于内心，不敢向外表达，展示于人前的往往是伪装的坚强。当内心的愤怒、痛苦、悲伤、焦虑积累到一定程度的时候，就会火山爆发，破坏关系，甚至演化成身心疾病。

4. 不可以长大

"你是妈妈最可爱的小宝贝。""别动，妈妈在给你系鞋带。""妈妈什么都会帮你做好的。"……

有这个脚本的孩子，因为撒娇就可以得到妈妈的无限宠爱，而成长反而会受到妈妈的忽视，所以在潜意识里就不想长大。成年后还需要妈妈的各种照顾，不能离开妈妈独立生活，成为心理上的"巨婴"。

5. 不可以有情感

"不准哭，再哭打你。""不要乱说。""说这种话要遭雷劈的。""你这句话大逆不道，要遭天打五雷轰。"……

有这个脚本的孩子，因为被各种伦理和禁忌所束缚，思想和眼界都不太容易开阔。成年后往往不看重做事的真正成效，而是把注意力集中在"遵守""规定""不违反"上，所以缺乏创新和与时俱进。

6. 不可以思考

"不准顶嘴。""我说的就是真理。""我走过的桥比你走的路还多。""我吃过的盐比你吃过的饭还多。"……

有这个脚本的孩子，不会自己思考，也不会自己做决定，一切都要等着别人的"科学决策"和"科学指导"之后，才能做事。成年后也没有任何主见，没有自己的思想，一切人云亦云，随波逐流。

7. 不可以靠近

"去去去，一边玩去。""别烦我。""安静一点儿。""我很忙。"……

有这个脚本的孩子，很怕父母，不会与父母亲近，对父母敬而远之。成年后也会很怕领导，不喜欢与领导靠近，对领导敬而远之，更不会想办法靠近领导寻求晋升或项目，白白地错失了很多的机遇。

8. 不可以成功

"有什么好骄傲的。""这孩子一考试就会紧张。""这孩子每次在关键时候就出问题。"……

有这个脚本的孩子平时看似一帆风顺，也足够优秀，但是一到关键时刻就掉链子，不是肚子疼，就是迟到，再就是忘带准考证。成年后无论在爱情上还是在事业上，也是在过程中很顺利，而快要大结局的时候出问题。

9. 不可以有欲望

"我为你付出了很多。""我为了养你，几年都没看过一场电影。""为了你，我太辛苦了。"……

有这个脚本的孩子不敢有自己的欲望，太过自卑，常常有不配得感。成年后，也会被不配得感操控着生活的方方面面。看似得到一笔财产，可是却莫名其妙地陷入一个麻烦，只能用钱摆平，结果又归于匮乏。

10. 不可以健康

只有生病时才能休息一下，买点儿喜欢的玩具；而健康的时候，就要承受高强度的学习，也不能玩玩具。

有这个脚本的孩子在健康时各种辛苦劳累，而在生病时却各种愉快，所以会在潜意识里想要生病。成年后健康时会惶惶不可终日、焦虑过度；而在生病后却莫名地心态平和、各种心安理得。

11. 不可以重要

"你是从垃圾里捡来的"；家中有多个孩子被忽视的那一个；父母离婚后相互推托谁都不要的孩子……

有这个脚本的孩子无论在班级中、在小朋友群体中，都是那么的默默无闻，安静到很难被人注意到。成年后，也会在各种场合扮演无足轻重的人小物：在爱情中是备胎；在事业上是可有可无的非重要人物。

12. 不可以有归属感

"不要和小强玩。""春游就不要参加了，影响学习。""我们家孩子很内向，不喜欢参加班级活动。"……

有这个脚本的孩子，不能融入到任何一个学生群体，总是独来独往，久而久之就会形成自闭内向的人格特质。成年后，没有自己的人际圈，没有自己的社交圈，活得很孤独，事业也很难发展。

13. 不可以存在

这是最痛苦的禁止令："要不是因为你，我早就离婚了。""要不是因为你，我怎么会过这样的苦日子。"……

有这个脚本的孩子，对父母有着巨大的负罪感，这份负罪感也就慢慢地演化成了自我攻击。"我是不好的。""我是不值得被爱的。""我是不被允许存在的。"……成年后容易发展成抑郁症。

四、改写你的人生脚本

1. 允许、可以

把那些"不应该"的禁止命令，改换成"允许""可以"。

真正的允许、可以，包含有选择的自由。有钓鱼许可证的孩子并不是必须钓鱼，而是他愿意钓就钓，不愿意钓就不钓。当他想去钓鱼，环境又允许时，就可以去钓鱼。

每个人都可以通过对自己人生经历的重新叙述，来获得对这些经历的全新理解。在不同信念下对过去经历的重新叙述，其内容和感受也是不一样的。换言之，当我们开始思考自己的人生脚本时，也就是同时在对自己的人生脚本进行再创作。

2. 把握好核心重要人物。

我们把人际关系按照关系的远近，分为五个同心圆。最重要的是 5 人圈，次重要的人是 15 人圈，比较熟悉的人是 50 人圈，一般朋友是 150 人圈，全认识的是 500 人圈，脸熟但叫不上名字的是 1500 人圈。

与我们有最亲密关系的虽然只有 5 个人左右，但是他们对我们人生的影响已经达到了 99.9 以上，他们是我们获得感情上或其他方面支持的主要来源。

我们最核心的人际关系大概有 5 人，其中的父母不由我们决定。我们不能选择父母，但父母对我们的影响又是非常大的。如果我们没有爱人、知己、新家庭、孩子等，那父母 2/5 的影响，就会变成 100%，对我们的人生幸福影响会更加巨大。

所以，如何处理好与父母的关系，又能够把握好、选择好余下

3/5 的亲密人际关系，可以在很大程度上改变自己的人生脚本，重新书写一个幸福的人生。

3. 有限理性

有限理性认为，人的理性是处于完全理性和完全非理性之间的一种状态，不是追求完美而是追求满意。

大学二年级的兴要参加一个英语演讲比赛。按照准备程度而言，兴根本就准备得不充分，估计很难拿到好名次，但是这次演讲比赛锻炼的机会又很难得。对于追求完美的兴来说，确实是一个两难选择，是参加还是不参加呢？

心理师给兴分析，世界上就没有十分完美的事情，也没有十分完美的自己；只有满意的自己、正在"变为"更是自己的自己。事实上，所有的不完美都是宇宙的完美运作，诚如断臂的维纳斯、残缺的红楼梦……正是不完美才更衬托出了人生是为了更好地成为自己，而不是成为更好的自己。

后来兴放下思想包袱，轻松上阵参加了英语演讲比赛，还得了个二等奖，得到了班级的表彰、老师的赞赏、同学的羡慕。

4. 着重于问题解决模式，而不是责任追究模式

发生问题时，允许自己跳到系统之外来，直接思考如何解决问题，而不是追究问题的责任。

当人生不如意时，不是把所有原因归结到原生家庭，而是允许自己独立思考，基于当下和未来的自己要如何做？

责任追究模式：莉莉又和男友分手了，每次恋爱过程都很顺利，最后的时候自己却打了退堂鼓，莫名其妙地各种焦虑，莫名其妙地出状况，然后莫名其妙以分手告终。莉莉把所有问题归结为原生

家庭的原因："都是父母把我害成这样的。""我是受害者。""既然如此，我就不工作了，让父母养我一辈子。"……

问题解决模式：莉莉仔细分析了自己的内在关系模式，知道这和原生家庭中的影响有关系，然后找心理师制定各种改变方案。父母不是施害者，自己也不是受害者，莉莉百分百为自己的人生负起责任。一年后莉莉有了一个幸福的婚姻。两年后莉莉生了一个可爱的孩子，这是一个幸福的三口之家。

5.追寻本心，询问这个意志到底谁的

当面临一个重大决定时，可以与自己的潜意识沟通，询问潜意识："你目前的这个意志到底是谁的？这个动机到底是谁的？是你的本心吗？"

方初中学习成绩不太理想，就读了一个职业学校的汽车修理专业。方中专毕业的时候，突然不知道该何去何从？父母建议方再读个大专，然后升本科，有了本科文凭之后考个公务员。而方自己本人不太希望自己的人生这样走。

心理师给方做了一个潜意识的对话，方终于明白自己内心的真正愿望是开一家汽车修理厂。找到自己人生的真实本心就好办多了，接下来，心理师协助方做了一系列的职业规划，包括继续学习汽修技能、学习汽修管理、创业培训、说服父母支持自己等等。

在三年的基层工作经验积累之后，在各方力量的协助之下，方开了一家汽车修理厂，目前经营情况良好，效益蒸蒸日上。

第五节　情绪习惯，决定你的一生

一、何谓情绪习惯

　　几乎万事包办的便利贴女孩，好不容易被主管赏识升迁，却只想继续当个基层人员就好。

　　有着俊俏外表的男子，一心渴望拥有稳定的感情、且不花心，但为何恋情总是无法持久。

　　婚姻幸福美满，和公婆关系融洽的太太，居然莫名地感到焦虑，甚至还患了忧郁症。

　　这是韩国精神科医生朴用喆在著作《情绪习惯，决定你的一生》中的精彩案例。

　　情绪习惯的影响力不容小觑，一旦形成负面的情绪习惯，心理健康状况就会失衡，慢慢出现忧郁、焦虑、躁狂等表征，对人际关系造成严重影响，甚至产生破坏性的结果。

　　什么是情绪习惯呢？

　　朴用喆说："人的情绪也有习惯性，比方说有个人从小在孤单的状况下长大，她习惯了寂寞和孤单的情绪，虽然她不是很喜欢孤单寂寞，但她会习惯性地把自己的生活情景变得孤单和寂寞。即使她有很多种选择，她也会不自觉地创造出生命中的情景，好让自己体会到寂寞和孤单。这种习惯性的反复情绪，我们把她称为情绪习惯。"

当情绪成为一种习惯时，细胞就会产生记忆，在以后的生活中若是感受不到这样的情绪，细胞就会情不自禁地推动着你去做一些事情，好创造外境，让你感受到所熟悉的情绪。

相较于快乐情绪，大脑更习惯于选择人们所熟悉的情绪。如果你有了一种负面的情绪习惯，就会像毒瘾发作一样反反复复。

我们今天所感受到的情绪，不一定是来自今天发生的事情。大脑会专注于寻找自己熟悉的情绪，并且反复地感受它。大脑还会从今天所发生的众多事件中寻找符合情绪习惯的事情，把它列为重点事件，赋予它意义，强化感觉，反复感受，而且，同时自动地过滤掉那些不熟悉的情绪。

当一个人习惯于关注悲伤的人、悲伤的事、悲伤的故事、悲伤的作品，那么他所感受到的情绪一定也是悲伤的。哪怕生活中没有悲伤的事情，也会莫名其妙地自动搜寻悲伤的内容来喂养自己的情绪习惯。

如果我们意识不到这一点，无论如何都不会快乐。而当我们意识到这一心理现象背后的深层原因时，才有可能展开一系列的疗愈。

二、如何改变情绪习惯

1. 觉察

遇到一些相同的情境，几次三番重复出现的情绪时，试着体验这个情绪的感觉，试着找出与这个情绪有关的最早记忆，觉察这个情绪产生的前因后果。当我们对某个情绪习惯有所觉察的时候，我们就能够高屋建瓴、作壁上观地对这个事情有个全局的俯瞰，也就不会轻易受到情绪习惯的莫名掌控。

情绪习惯隐藏着我们未宣泄的情绪。当情绪习惯来临时，我们不要着急，沉下心来与潜意识对话，听一听情绪在告诉我们什么，能对进一步改变情绪习惯起到很好的作用。

2. 当正面情绪产生时

当正面情绪产生时，我们要觉知到它，然后小心翼翼地滋养它，给它充分的营养，让它不断地成长壮大。这个练习要持续不断地做，让我们的大脑习惯这样的情绪，进而接爱正面美好的情绪习惯。

这段时间工作压力较大，安的情绪坏透了。可就是中午时分，同时收到了几个朋友发给她的生日祝福。唉，自己忙得连生日都忘了。是啊，今天是自己生日，实在是太幸福了。晚上临睡时，安一遍一遍地体验每一个朋友给她的生日祝福，快乐地进入了梦乡。

3. 正面情绪手册

给正面情绪的营养是什么呢？反复回想，一遍又一遍地感受它。试着在一天结束的时候，回想一下这一天中心情不错的时刻，就算是一些小事也好。在平时的日常生活中，当我们感受到愉悦时，就赶紧把当时的情境记在情绪手册上，方便我们不断回想。

安习惯了随身携带一本情绪手册，一产生快乐情绪就赶紧记下。来看看今天的记录有哪些：

（1）做了一个成功的策划，总监很赏识自己。愉快指数：四星

（2）吃中饭的时候，幸福地和男神坐一块儿。愉快指数：四星

（3）之前遗失的翻页笔在抽屉的角落里找到了。愉快指数：两星

（4）有一个客户打电话来，表示要复购。愉快指数：三星

（5）中学时的好闺蜜电话说，下周要来这里出差。愉快指数：三星

4. 找到生命中的"小确幸"

找到生命中虽然小却很幸福的事情，守护它，维护它，不断感受这样的小确幸。把注意力集中在这些小确幸上，让自己累积感受小确幸的时刻，并且牢牢记住这样的感受。你会发现生命真的会有所改变。

安又把人生中的所有过往回忆了一遍，把生命中的"小确幸"整理了出来：

（1）中考时比录取分数线多2分，成功地进入了重点高中。

（2）高考时比录取分数线多1分，成功地进入985大学。

（3）应聘时，综合测评比竞争对手多3分，成功地进入外资企业。

（4）谈判时，成功地运用心理学和读心术，获得了项目开发权。

（5）因为积极上进，有创新意识，得到了唯一的去上海进修学习的指标。

5. 100% 为自己负责任

不再去找父母要答案，也不再执着于充当受害者，百分百为自己的人生负起责任。万法唯心造，都是记忆，是记忆在不断重复而造成情绪习惯。假如还是怪罪外境，记忆就会继续有增无减，在无明中继续轮回。

记忆是一只存满信息的磁盘，我们可以选择将磁盘格式化，当清理完负面记忆之后，新的美好的记忆才能放得进来。当美好的记忆储存后，不断地进行重复播放，新的美好正面的情绪习惯就逐渐形成了。

第六节　逃不掉的程序，可以破解的木马

一、何谓人类木马程序

人类木马程序一词出自心灵作家李欣频的著作《人类木马程序》。

木马程序在电脑里通常是指病毒文件，隐藏在各种电脑程序里，引导你进入木马程序，从而窃取你的密码，使人毫不察觉。如果把人脑比作人体操作系统，我们的身体也隐藏着许多木马程序。我们每个人都有一些限制住自己的信念和故事、情绪与行为的固定反应模式。对此，我们或有所了解，或毫无觉知。李欣频将它们称为"人类木马程序"。

人类木马程序具有以下六大特征：

1. 让你以为是真的、不可改变的真理。比如："吃得苦中苦，方为人上人。""有钱人都为富不仁，穷人都勤劳善良。"……

2. 你只会看到、听到和这个"木马程序"相关的概念，其他的一律屏蔽。比如你即将赴一个约会，面对自己的各种可爱视而不见，却只关注到自己"又胖了一斤"。

3. 你不相信可以活出自己，认为必须要高度控制局面，才能把生活过好。比如过度自律，一丝一毫都不敢松懈，随时把神经绷得

紧紧的。

4.让你有压力、不开心、以为有一个更好的自己。比如从来就没活在当下过，永远都在为明天做准备，因为今天自己不够好。

5.在无穷无尽地追逐目标的过程中，忘掉了自己原本要的是什么。比如你本来要的是三口之家的幸福快乐，后来为了赚钱，不仅搞跨了身体，还搞散了家庭，离初心越来越远。

6.想要达到的目标，跟你的潜意识不一致。潜意识里对成功的恐惧，阻止你达成目标。比如意识层面的目标是想要成功，而潜意识层面却害怕成功，然后在即将成功的紧要关头，发生了一些突发事件，导致目标失败。

二、找到你的木马程序

1.四种常见木马程序：

(1)"做更好的自己"木马

这个木马程序在于：我们觉得现在的自己不够好，所以一直努力要成为更好的自己，那么，这就会让人们认为，自己一直停留在不够好的状态，也永远达不到那个更好的状态。事实上，更好永远做不到，因为永远还有更好。

(2)"爱情不配得"木马

这个木马程序是这样的：没有伴侣的时候担心没人要，有伴侣的时候又担心小三插足，始终处于焦虑之中。很多人的内心有着爱情不配得的匮乏感，常常觉得："只有我很优秀，才会有人爱我；而如果对方很爱我，那是不是对方不优秀？"

（3）"争强好胜"木马

为争一口气的荒谬，创造了毁灭性的灾难。李欣频举了个例子，有一次在她的创意课堂上，一个学员为了座位的前后，和工作人员争执不让，最后浪费了时间，也浪费了几千块钱的课程。

（4）"金钱至上"木马

金钱木马：觉得没有钱就没有尊严，没有钱就不能平等对话，没有钱就没有获得真爱的机会。有时我们以为贫穷只是挨饿、衣不蔽体、无家可归；而真正的贫穷是感觉不被需要、不被爱、无存在感、无价值感。

2. 回忆生命中的几件事

（1）自己微博、微信、QQ 的个性签名

个性签名的反面就是你的现状。座右铭表示你渴望达到，而目前还达不到的状态，所谓"缺什么补什么"就是这样。但是，如果你不调整思想的频率，那么永远都到不了你想要的状态。

（2）记忆中最早，或记忆中最深刻的三件事

记忆最早的事，或记忆中最深的事，都是人类木马程序的隐喻。最关键的不是事情，而是事情中你的情绪、情感以及你因此而发出的心念。这个心念，就是一个强大的木马程序，演化成了你的人生。

（3）完整地观察你生命中的一个重要事件

观察它的开始、发展、高潮、结束、尾声，留意其中的所有重要时刻，以及你的重要感受与心念。最佳的观察对象是一段恋爱关系，或是一段重要的事业。特别是在关系结束时，你会生出什么样的心念来。

（4）你最讨厌什么样的人，请至少列出三项

你所讨厌的，就是你内在最深、最不愿意承认的木马程序。你

讨厌的人身上，一定有你的某样特质。"我怎么可能有那个毛病呢？"然而仔细觉察，在你内心最恐惧、最害怕的就是那些隐性的特质。

4. 你想要怎样的超能力？

（1）**想要隐形**

为什么想要躲起来，让人看不见？因为自卑，觉得自己没有价值。

（2）**想飞，想瞬间移动**

为什么想要离开现时空？因为能量受阻，所以想要逃离现实。

（3）**想要会读心术**

为什么想了解他人内心的想法？因为孤独、寂寞，想要与他人联结。

（4）**想要帮助他人**

为什么想要帮助他人？因为责任扩大化，有"救世主"情结。

5. 人生的最后 15 分钟想做什么？

（1）**要把自己打扮得美美的**

太在意他人的看法，活着就为了别人心目中自己的形象，而没有真正地为自己活过。

（2）**要把自己洗干净**

有强烈的低人一等的罪恶感、羞耻感，以至于影响了人际关系、亲密关系。

（3）**要向爱的人告白**

对爱有不配得感、匮乏感。然而，缺爱的思想频率，也会吸引到否定的负能量。

（4）**要去睡觉**

生命已偏离主轴，严重忽视了身心健康，只忙于追求那些无穷无尽的功利化目标。

三、破解你的木马程序

1. 特定木马程序的破解

（1）"做更好的自己"木马

修正：现在就是更好的自己，回到宁静平和的频率。

（2）"爱情不配得"木马

修正：有伴不恐惧，无伴不焦虑，我就是本初貌真的我。

（3）"争强好胜"木马

修正：当有人跟你争执时，请主动给予。

（4）"金钱至上"木马

修正：金钱是连接两河的桥。它只是管道，让人有权利交换自己想要的东西。如果专注于钱，就是专注于桥本身，就会哪里也去不了。钱就只是一堆铜板。金钱跟爱没有关系，钱会源源不断地为我们所需。

2. 绝大部分木马程序破解之道

（1）替换旧的木马

心灵作家李欣频说："没有很难，只有决定。找到目前最惯性的生活轨道，清醒地拔高维度、视野、俯瞰生命从始至今的过程，以更高度的生命视角，以及正面的能量、态度、频率，重新看待、改写或诠释过去。"

（2）爱、自信、勇气的下载

消灭敌人最好的方法，就是把他变成朋友。想要克服害怕、恐惧，就邀请他来做你的朋友，保持对一般朋友淡定的态度。没朋友时不害怕，有朋友时不怕失去，这样放下得失心、分别心、执着心才会没有恐惧。

（3）**永远只有今天，当下即永远**

在一天中任选几个时段，以不同思想频率的角度来演绎生活，看看会有哪些不同。记住那些让你感觉良好的思想频率；觉察自己在当下想什么、做什么，还有哪些木马程序；改变思想频率，即破解木马程序。

（4）**调频**

李欣频说："可以将自己比较没有木马程序的强项，平移对照自己的弱项，进而找到破解之道。例如，有人对金钱不设限，却对爱情设限；有人对爱不设限，却对金钱设限，以自己的强项能力，去处理弱项环节。"

（5）**定频**

李欣频说："先调好频率再说话、反应、做事、生活。每天养成晒太阳、运动、瑜伽、静坐、冥想的习惯，每隔一段时间就去度假或是闭关。每次有觉知的呼吸，内在就会慢慢有所改变。"

（6）**动态冥想**

在客厅、房间24小时播放阿尔法音乐。阿尔法音乐能改善人们紧张、焦虑、忧郁、恐惧等不良状态，提升喜悦、安宁的感觉；还能与身心共振、减慢心率，使人平静而愉快，达到身心合一的平衡状态。

第六章

超越原生家庭的双向养育

当发现自己未愈的创伤影响了孩子，父母可以开启这样的思维模式：看见孩子的前提，是看见自己；不传递创伤给孩子的前提，是疗愈自己；如果不小心发作，保持很好的觉知，及时止损、修通，做孩子的心灵疗愈师。养育一个孩子的同时，父母自身也在自我成长；真正的教育是父母的自我修行；自己修行高了，孩子也就没有问题了。

第一节 "寒门"如何出贵子

一、何谓"寒门"

这里的"寒门",是精神领域的寒门,指在原生家庭中受到过心理创伤的"小白菜"。

二、疗愈金钱恐惧症

1. 金钱恐惧症形成原因

（1）认为金钱是邪恶或肮脏的,有钱人都是坏人。

我很好奇,为什么无论是中国还是外国的儿童图书里面,都会有类似的故事情节。穷人都是善良、正直、勇敢的好人,而富人都是不劳而获、剥削他人、邪恶肮脏的坏人。

金钱,明明就是一种财富,与人的能力、力量、成功有关,为什么要打上道德标记。这些思想,让成人都受到了迷惑,更何况是涉世未深的小孩子。

在刚刚接触中国文字的时候,小学生就开始学习勤劳勇敢的穷人,鄙视那些有钱有智慧的富人。莫非,我们祖国的花朵,这一生所有的努力，就是为了成为勤劳勇敢而不能致富的穷人……

（2）**我不配得到很多金钱，我只有资格当穷人。**

有一些人，在童年的时候，就被父母灌输了无论是精神上、还是物质上的匮乏感和贫穷感。如果这些孩子没有强大自省能力的话，这个心理上的匮乏感和贫穷感会伴随他的一生。

这类父母会告诉孩子，我们家情况特殊，生活负担重，比不得别人家，你要体谅父母的难处。学校里要捐衣物给贫困山区，你就不要捐了。班上要组织春游活动，你就不要去了……

这些孩子成年之后，总是会找不到工作，或者总是会找到吃力不讨好的工作，就算偶然哪天发了一点儿横财，也会因为各种意外，让钱不翼而飞。在他们的内心深处，其实是觉得自己只配当一个穷人。

（3）**我守不住金钱，如果我有钱，我就要被迫分给其他人。**

中国是一个几千年的家族共生制的社会，一个家族里的人互为权利和义务。如果一个家族里有人飞黄腾达了，那么他就被要求去扶助家族里的其他人。这个其他人，有可能是兄弟姐妹，还有可能是七大姑八大姨，甚至连带一个村的人。

中国又是一个几千年的以老为尊的社会，在一个家族中，总会有一个最年老的长辈担任族长，维持着整个家族的秩序。如果哪一个飞黄腾达了的人，不去关照其他人，不去扶助其他人，估计会被家族所有人的唾沫星子淹死。

所以，很多大家族里出来的人，真的是不敢有钱。一旦有钱，什么近亲、远亲、八竿子打不着的什么人都会来沾上一沾这个光。"你小时候我还抱过你。""小时候我们还在一起玩过弹球。"……

2. 金钱恐惧症的疗愈

而事实上，金钱是财富和力量的象征，也跟一个人的能力、心态、成功等因素有关。金钱就是一个工具而已，不应该带上道德 VS 不道德的标签。

每一个人都要活出自己的富足和丰盛，这个富足和丰盛不仅是物质上的，更是精神上的。一个能通过正当途径轻松获得金钱的人，往往是一个拥有爱和自由的人。

在这个世界上，没有谁可以为另一个人的幸福和快乐负责。你的生活，关家族七大姑八大姨的什么事；家族七大姑八大姨的生活，关你什么事。每一个人都终将要为自己的人生负责！

知乎上有一个神回复：有钱了不起吗？了不起！由此，我们知道了，追求金钱本身是一个很美好的梦想，它跟追求一个事业的成功别无二致。

而且，金钱确实是能够给人们带来很多的便利：你需要出人头地，你就需要钱进行教育投资，上各种培训班学习各种技能；你生病住院了，你就需要钱进行治疗，重获一个健康的身体；如果你失恋了，有钱你可以去旅游胜地散散心，心伤也能好得快一点；如果你想要创业，有钱你的底气就会足一些，也能够进行一些冒险的尝试……

让我们来一起念一首金钱恐惧症的疗愈诗吧：

我爱自己，我是丰盛的、律动的、强大的、美好的，

这些能量，将会由我的内在发出，

散播到周围所有人，他们的生命品质也由此提升，

我流动的越多，回流进来给我的也就越多，

从现在开始，我与金钱重修旧好，

我们是共振的、和谐的、美好的、合一的互相存在，

感谢宇宙，这丰盛的能量！

三、疗愈成功恐惧症

1. 成功恐惧症形成原因

（1）成功需要被看到：这令我望而却步

对于从小就不引人注目的人来说，也许不被人注意是一种很舒服自在的感觉。一旦哪天突然成功了，就需要被看到，被放大，被聚焦于镁光灯下，而这种感觉一定会很好吗？不一定。众目睽睽下，一方面会有愉悦的感觉，另一方面也会有不舒服的感觉；既会有自豪的感觉，也会有被暴露于公众的羞耻感，以至于要想方设法地避免这种体验，"恨不得找个地洞钻进去"。

并且，成功之后的人生该怎么走下去，也是一个值得讨论的问题，就像是一部直升的电梯，一脚踏上去之后，不到目的地就不会停下来。同时，人们也会加大对他的期待。就像一个跳高运动员，在打破了一项纪录之后，在下次比赛时，人们一定会做的一件事情就是：抬高跳杠。

所以，成功会导致一个人失去对自己生活的控制权和选择权。你担心成功带来的不是一种力量感，而是一种无助感，你担心自己不再是原来的自己，你会变成一个自己不认识的自己，而你又没有能力将这个陌生的自己挡在门外。

（2）成功是危险的：总有人会嫉妒我

你是否有过这样的经验，别人努力了一个学期的数学只得了80

分，而你通过打打羽毛球逛逛街，临时抱抱佛脚就得了 95 分；别人努力笔耕不缀地磨了几年的书稿，没有一家出版社接受，而你用了三个月写出来的书稿，却同时有几家出版社争抢。

当听到高官落马的消息，或看到明星吸毒的丑闻，或知道美国 911 的惨剧，一些人难免会沾沾自喜，因为他们内心潜藏着摧毁成功者的愿望。当听到某个竞争者的不利新闻，人们难免会心情愉悦，这也是嫉妒心在作祟。

"木秀于林，风必催之"，为了不伤害别人，为了不让人嫉妒，你只能撒谎说，是自己运气好。这还算好的，有些人为了考虑到别人的感受，拼了命地抬高别人而贬低自己。当你假定获得成功意味着伤害他人，你就在成功与侵犯之间画上了等号。你或许会用不成功、逃离战场，好让自己不用活在众矢之的的舞台上。

（3）俄狄浦斯冲突：我不配得

有些处于俄狄浦斯冲突下的男子既渴望打败父亲，又害怕打败他，因为打败父亲会唤起强烈的内疚与罪恶感，以及被父亲报复的恐惧。西方世界通过俄狄浦斯式的杀父娶母来获得自我成长和成功，但随即知道事情的真相，即：弑父和乱伦，所以，只能通过挖眼的自我惩罚来获得内心的平衡。

很多人从小就不敢质疑父母的权威，以至于成年后不敢超越父母。比如说，如果我成为优秀的企业家了，如果我成为优秀的演说家了，实在是太多地超越了父母的身份，那么我就是背叛了父母？我怎么对得起父母？我的成功是不是太没心没肺了？我是不是应该回老家帮她干点活儿呀？这个时候，这个孩子就会有内疚感，会跟所有成功和快乐的东西绝缘。

而这种内疚和罪恶感，可能最后就变成一种很深刻的潜意识，可能压抑到我们都不知道为什么，但就是觉得"我不行""我不配"。对于这种现象，曾奇峰是这样解释的："某种程度上，就是一个人内在没有跟父母完成心理上的分化，我父母是什么样的生活状态，我也要让自己是什么样的生活状态。"

2. 成功恐惧症的疗愈

(1)当你重新检视一下嫉妒假定，你发现，不是所有人都会利用你的成功来反对你。有人会为你的成功而高兴，并与你共同庆祝。

(2)对于一个人来说，决定他的人生能走多远，在于他的生活是以生存为导向，还是以发展为导向。如果他的人生只是以生存为导向的话，那么他的潜意识就不允许自己成功，更不允许自己享受生活，而是把自己弄得苦哈哈的。

(3)在某种程度上，克服成功的恐惧，就需要在内在与父母完成心理上的分化，即父母与子女只是一场偶然的相遇。成年子女要意识到，你为你的人生负责，我为我的人生负责，我们是两个不同的独立的人。

四、成功三要素

1. 自信

1968 年的一天，心理学家罗森塔尔来到一所小学，告诉校长及老师，要在全体学生中进行一个"未来发展趋势"的测试。之后，罗森塔尔把一份学生名单交到校长和老师那里，告诉校长和老师，这些学生是他通过测试，发现的以后会是这个学校最有发展前途的学生，要他们好好关注和培养。之后，罗森塔尔先生就再也没有出现过。几十年后，跟踪调查发现，这些学生果真成了这个学校最有出息、发展最好的学生。

事实上，罗森塔尔先生没有经过任何的测试和筛选，只是随机在学生名册上勾画了一些学生的名单，然后撒了一个权威性的谎言。那么，这些随意勾画出来的学生，为什么会果真如校长和老师所愿地成了最有出息的学生呢？

这就是自信的效应。基于罗森塔尔的权威身份，给这些学生树立了极大的信心，再由于校长和老师们的期望和关注，这些学生就真的觉得自己以后是有出息、有前途的。在这样的自信、被期望的心理效应下，就果然真的心想事成了。

自信是发自内心的自我肯定与相信，是人对自身力量的一种确信，深信自己一定能做成某件事，实现所追求的目标。

自信是成功的必要条件，是成功的源泉。如果一个人有自信心，对自己怀着期望，他就会朝着自己期望的方向发展。自信是一种有方向感的信心，令人们的每一个意念都充满了力量。当有了这强大的力量去推动行为时，那么最终会走向成功。

这其实就是心理学上所说的心想事成的秘密。你对自己要做的事有信心，这个事情就像非常确定笃定的事情一样，经常放映在你的脑海里，久而久之，就果然真的梦想成真。这就是朗达·拜恩在《秘密》里所说的吸引力法则。

2. 目标

哈佛大学有一个非常著名的关于目标对人生影响的跟踪调查，调查对象是一群智力、学历、环境等条件差不多的年轻人。通过调查发现：27% 的人没有目标；60% 的人目标模糊；10% 的人有清晰但短期的目标；3% 的人有清晰且长期的目标。

5 年后跟踪调查，发现：3% 的有清晰且长期目标的人，几乎都成为社会各界的顶尖成功人士。他们当中有白手起家的创业者、行业领袖、社会精英等。10% 的有清晰但短期目标的人，大多生活在社会中上层。那些短期目标不断被实现，他们的生活状态稳步上升，成为各行各业不可缺少的专业人士。他们的职业大多是医生、律师、工程师等。60% 的目标模糊的人，大多生活在社会的中下层。他们能够安稳地生活与学习，但没有什么特别的成绩。27% 的没有目标的人，几乎都生活在社会的最底层，而且，生活得很不如意，常常失业，需要靠社会救济度日，喜欢怨天尤人。

人们做事情，需要有明确的目标，有目标的人，做事情可以起到事半功倍的效果。定下目标，这件事情本身就会是一个最好的驱动力，因为这是你的内部动机和外部动机所在。

比如，在《倚天屠龙记》中，张无忌具备了一切当皇帝的条件，为什么最后没有当上皇帝？那是因为在张无忌的人生目标中，没有当皇帝这一项。有读者可能会说，这是小说，又不是现实。实际上，在现实中也是如此。如果你没有某一项目标的话，那么最终也就不会得到这一结果。

这样一来，目标的正确性就显得非常重要了。因为方向往往比行动更重要，一旦南辕北辙的话，不仅之前的奋斗化为泡沫，而且还要一切重新开始。

那么，这就需要运用好你的潜意识，综合考量你自身的条件、你的兴趣爱好、你的特长、你的潜能、你的外部资源等等，给自己设置一个合理合适的目标。

3. 行动

我们在上初中的时候，都学过这么样的一段课文：

蜀之鄙有二僧：其一贫，其一富。贫者语于富者曰："吾欲之南海，何如？"富者曰："子何恃而往？"曰："吾一瓶一钵足矣。"富者曰："吾数年来欲买舟而下，犹未能也。子何恃而往！"越明年，贫者自南海还，以告富者，富者有惭色。

古往今来，能够在事业上取得成就的人，往往都很好地践行了老子的一句话："千里之行，始于足下。"不管做任何事，迈出第一步非常重要。智者虽有千虑，但是如果不付于行动，必将一事无成。愚者虽少智慧，但是只要在行动中磨炼自己，也会心想事成。

在任何时候我们都不要忘记提醒自己：行动是通往成功的阶梯。我们开始行动之后，我们要做的一件事就是：专注。

想象一下，你手里有一张足够大的白纸。现在，你的任务是，把它折叠 51 次。那么，它有多高？一个冰箱？一层楼？或者一栋摩天大厦那么高？不是，差太多了，这个厚度超过了地球和太阳之间的距离。

折叠 51 次的高度如此恐怖，但如果仅仅是将 51 张白纸叠在一起呢？这个对比让不少人感到震撼。

有些人，一生认定一个简单的方向而且坚定地走下去，他们的人生最后达到了别人不可企及的高度。譬如，武志红一个朋友的人生方向是英语，他经过十几年的努力，仅单词的记忆量就达到了十几万之多，在这一点上达到了一般人无法企及的高度。

第二节　既由我承担，且于我终结

一、孩子都是老灵魂

不要以为你的孩子是张白纸，任你随意涂抹。事实上，每个孩子都是古老而智慧的灵魂，懂得的远比我们要多得多。

现代社会愈来愈复杂，信息愈来愈多，变化越来越快。你有没有发现，很多时候你根本就应付不了日新月异的社会发展，甚至不会使用最新开发的某个电子产品。而孩子却能够比你轻而易举地掌握一项复杂的新产品的使用，比你更轻松地了解当下最与时俱进的资讯……

从灵魂上来说，孩子的灵魂比父母还要古老和智慧。它有着比父母还要更丰富的轮回转世经验，有着比父母更强的适应环境能力，只是它现在以小朋友的身份出现。每个孩子都是一个独立的精神生命胚胎，只要不去人为地打压，而是提供给它足够的阳光、空气、水分，它就能成长为它本来的样子。

个人认为：

1. 每个孩子都是古老而智慧的灵魂，有着比父母更多的资讯、比父母更多的创造力。

2. 孩子的灵魂早已装满了整个宇宙的资讯，虽然大脑皮质上并未印有数学公式。

3. 孩子在投胎前，早已设计好了自己的生命蓝图，那是他人生的最佳价值完成。

4. 除了爱与自由，父母实在没有什么可以教给孩子的。真正的学习，来自孩子自身的体验。

孩子借父母而来，但不属于父母。孩子有自己独立的思想、独立的个性、独立的人生观、独立的人格。孩子不是来完成你人生的期待，而是要成为他自己本人想要成为的样子。

什么是成功？什么是幸福？无论成功还是幸福，都是同一个解释：按自己的意愿度过一生。

真正健康的亲子关系是什么样的？

马丁·布伯在其作品《我与你》中是这样描述的：当我在关系中放下了所有的期待和设想，不再将你视为我的目标或实现目标的对象，我就可能在某一瞬间与全然的"你"相遇，这就是上帝。

我慢慢地了解到，所谓父母子女一场，只不过是意味着，你和他的缘分就是今生今世不断地在目送他的背影渐行渐远。（龙应台）

我钦佩一种父母，她们在孩子年幼时给予强烈的亲密，又在孩子长大后学会得体的退出。（赵婕）

父母是孩子一切问题的根源，爱与自由是唯一的答案。（李雪）

二、教育的本质，是父母的自我修行

1. 如何看待生命中的创伤

心理学家艾瑞克·伯恩说："人出生前就已经准备好了自己人生的脚本，就是要在生命中完成这轮演出，并得以进化。"

虽然有些创伤在意识层面已经不记得了，但它们一直深藏于我们的潜意识中，时常以情绪、负能量、躯体化等形式显现出来。这些潜意识里深藏的创伤，并不会因为我们年龄的增长而自行消失；相反，一遇到相应的情境，就会以不同的形式呈现在我们的生活中。

对于创伤再现，人们常用的应对方式是：退缩、攻击、顺从、冻结。

选择退缩方式的人，习惯压抑自己的真实感受。他们忍住悲伤，在一个个平静祥和的面具背后，蓄满了仇恨、愤怒、痛苦……

选择攻击方式的人，嗅到的都是敌对的味道，他们把自己变成满身是刺的刺猬，在刺伤别人的同时，也刺伤了自己……

选择顺从方式的人，表现出与世无争的面容，不断地向外讨好。他们对任何人都好，唯独缺了自己。久而久之，必遭反噬……

选择冻结方式的人，强迫自己遗忘，以为小时候的那些小事不足挂齿，其实情感早已麻木，内心早已千疮百孔……

然而，当我们选择了上述方式，来处理自己的创伤轮回时，其实我们一直被创伤牢牢地控制着。除非我们能关爱、拥抱和疗愈创伤，否则，创伤轮回不仅会反复地出现，而且还会传递给下一代。

2. 父母未愈的创伤，会通过孩子显现出来

从心理学的角度说，成为父母的我们，在与孩子互动时的一言一行，都会内化到孩子的心里，成为孩子的内在关系模式。我们不知不觉把自己原生家庭的内在关系模式，复制给了孩子；不知不觉

地把自己在原生家庭中受到的创伤，代际传承给了孩子。

一个仇恨自己母亲的人，以同样的方式被自己的孩子仇恨着；一个从小失去母爱的人，也是很早就和自己的孩子分开了。曾经被父母家暴过的孩子，如今也同样用家暴的方式对待自己的孩子。甚至在孩子还在母亲肚子里的时候，父母的情绪和感受，就已经开始影响胎儿的神经发育了……

"那些都是我小时候经历的事啊，我的孩子根本一点儿都不知道，怎么会影响到他呢？"然而，这就是大宇宙的轮回法则。"轮回"是一个佛教术语，不仅童年的内在关系模式会在成年后轮回，代际创伤在亲代与子代之间也会轮回。

3. 把自己修好，孩子就没有问题了

每个人都是本自具足的存在，都有自愈的本能。虽然说，童年时候没有得到足够的爱、没有安全感，成年后会去不断地寻求爱，也会把这一缺爱的内在模式传递给孩子。然而，这只是幻象。

当我们疗愈了自己，把所有的力量拿回来，内心充满了大地母亲、宇宙父亲、满满的人类集体潜意识的爱，以及生命中重要他人的爱时，这种幻象便会自动消失。

我们不再到处寻求爱，因为我即是爱的存在，爱的本身。所以，把自己修好，孩子就没有问题了。

三、为什么要双向养育

1. 当发现自己未愈的创伤影响了孩子，开启这样的思维模式：

（1）看见孩子的前提，是看见自己。

（2）不传递创伤给孩子的前提，是疗愈自己。

（3）如果不小心发作，保持很好的觉知，及时止损、修通，做孩子的心灵疗愈师。

2. 孩子是父母最好的心灵疗愈师

父母的某些心理创伤，由于历久年深，疗愈起来往往比较困难，需要同时疗愈内在小孩。而孩子就是最好的内在小孩的隐喻。

当年，自己内在小孩没有满足过的被爱、安全感、创造力、理解、教育资源等，你现在可以给予自己的孩子。

当你满足了孩子，这些你当年未得到的需求时，也就是在某种程度上疗愈了你的内在小孩。

一个人真正疗愈的标志，就是内在小孩的疗愈。所以，孩子是上天赐给父母最好的天使，是父母最好的心灵疗愈师。

3. 父母是孩子最好的心灵疗愈师

人的一生，过尽千帆，林林总总，总会遇上一些不如意、不顺利、不快乐的事情。培养孩子快乐的习惯，是父母给孩子最大的礼物。

幼年时候的亲子互动模式，会内化到孩子心中，成为孩子今后的内在关系模式。让孩子保持快乐，时常有幸福喜悦的感觉，那么孩子将来的人生就会有比较多的幸福快乐，能很好地发展潜能、创造力、想象力，更好地自我实现，绽放生命的精彩！

与孩子做朋友，不做高高在上的领导式家长。

让孩子知道，你是孩子生命的根据地，是孩子的心灵疗愈师。当孩子遇上不开心的事情时，与孩子促膝长谈，让孩子释放内心的烦恼和不愉快。你放手让孩子发展创造力、生命力，而一旦孩子遇到麻烦／困难时，你会坚定地站到孩子身边，给与孩子爱、支持和协助。

参考文献

[1] 海伦·肯纳利. 治愈童年创伤 [M]. 张鳅元，译. 北京：生活·读书·新知三联书店，2019.

[2] 玛莉·贝斯·威廉姆斯，索利·鲍伊朱拉. 创伤后应激障碍自助手册 [M]. 张进辅，译. 重庆：重庆大学出版社，2011.

[3] 贝弗莉·恩格尔. 这不你的错 [M]. 魏宁，译. 北京：人民邮电出版社，2016.

[4] 苏珊·福沃德. 中毒的父母 [M]. 许效礼，译. 沈阳：辽宁教育出版社，2003.

[5] 宗像恒次. SAT 疗法治疗抑郁症和癌症 [M]. 杨文洁，译. 北京：清华大学出版社，2012.

[6] 宗像恒次. SAT 疗法 [M]. 胡文燕，译. 北京：知识产权出版社，2015.

[7] 宗像恒次. 找回命运之爱 [M]. 胡文燕，译. 北京：知识产权出版社，2015.

[8] 张芝华. 拥抱你的内在小孩 [CD]. 2014

[9] 约翰·布雷萧. 别永远伤在童年 [M] 马小原，译. 南京：译林出版社，2015.

[10] 斯蒂芬妮·斯蒂尔. 突围原生家庭 [M]. 胡静，译. 北京：北京联合出版公司，2019.

[11] 露易丝·海. 生命的重建 [M]. 徐克茹，译. 北京：中国宇航出版社，2008.

[12] 罗秋兰. 身体的智慧 [M]. 成都：四川科学技术出版社. 2014.

[13] 安娜. 潜意识改变命运的超级力量 [M]. 西安：西安电子科技大学出版社，2015.

[14] 艾瑞克·伯恩. 人生脚本 [M]. 周司丽，译. 北京：中国轻工业出版社，2019.

[15] 朴用喆. 情绪习惯，决定你的一生 [M] 台湾：方智出版社，2014.

[16] 李欣频. 人类木马程序 [M]. 北京：北京联合出版公司，2019.